特色课程建设丛书

丛书主编　杨四耕

潘文英◎主编

给每一个孩子带得走的能力

并养式课程的旨趣与探索

华东师范大学出版社

·上海·

图书在版编目(CIP)数据

给每一个孩子带得走的能力：井养式课程的旨趣与
探索/潘文英主编.—上海：华东师范大学出版社，
2021
（特色课程建设丛书）
ISBN 978-7-5760-1813-4

Ⅰ.①给…　Ⅱ.①潘…　Ⅲ.①小学-课程建设-教学
研究　Ⅳ.①G622.3

中国版本图书馆 CIP 数据核字(2021)第 185940 号

特色课程建设丛书
给每一个孩子带得走的能力：井养式课程的旨趣与探索

丛书主编　杨四耕
主　　编　潘文英
责任编辑　刘　佳
项目编辑　林青荻
特约审读　彭　亚
责任校对　王婧懿　时东明
装帧设计　卢晓红

出版发行　华东师范大学出版社
社　　址　上海市中山北路 3663 号　邮编 200062
网　　址　www.ecnupress.com.cn
电　　话　021-60821666　行政传真 021-62572105
客服电话　021-62865537　门市(邮购)电话 021-62869887
地　　址　上海市中山北路 3663 号华东师范大学校内先锋路口
网　　店　http://hdsdcbs.tmall.com

印 刷 者　浙江临安曙光印务有限公司
开　　本　787×1092　16 开
印　　张　13.5
字　　数　130 千字
版　　次　2021 年 10 月第 1 版
印　　次　2021 年 10 月第 1 次
书　　号　ISBN 978-7-5760-1813-4
定　　价　42.00 元

出 版 人　王　焰

编委会

丛书总序　走向课程自觉

这是一个焦虑的时代,每一个人都忙忙碌碌;这是一个无坐标的时代,很多人都不知身处何方;这是一个看不见路的时代,大家都不知该如何去面对新的情境;这是一个感觉模糊的时代,对很多事我们缺乏了应有的自觉和反思。

面对这样一个时代,我们需要有起码的文化自觉。在费孝通先生看来,文化自觉是生活在一定文化历史圈子里的人对其文化有"自知之明",并对其发展历程和未来有充分的认识。换言之,文化自觉就是文化的自我觉醒、自我反省和自我创建。

要提升学校课程品质,实现立德树人根本任务,文化自觉是不可或缺的。在我看来,课程领域的文化自觉就是课程自觉,它是人们基于对课程的理性认识,为着课程品质的提升而有清晰的目标意识和科学的路径观念,自觉参与课程变革实践的理性之思与理性之行。

课程自觉是一种有密度的自觉,它不是一个简单概念,而是一种思想、一种行动、一种文化,包含课程自知、课程自在、课程自为、课程自省以及课程自立等基本构成。推进特色课程建设,我们需要怎样的课程自觉呢?

1. 清晰的课程自知。课程自知是人们对特定课程情境的自觉理解,对课程理念和愿景的清晰判断,对课程内容和框架的基本认识,对课程实施路径和方位的整体把握。认识课程,认识自我,这不是一件容易的事。对一位校长来说,课程自知意味着对学校课程规划的整体理解,自觉研判学校文化与课程建构的关系、育人目标与课程架构的关系、资源调配与课程实施的关系;对一位教师来说,课程自知意味着对学科课程群建设的自觉思考,自觉跳出"课程即科目""课程即教学内容"等狭隘的课程观,建立与立德树人要求相适应的崭新课程观。

2. 透彻的课程自在。萨特说:存在先于本质。他曾将存在分为自在的存在和自为的存在,自在的存在是物体同其本身等同的存在,自为的存在是同意识一起扩展的存在。课程自觉需要深刻理解课程自在的文化,需要完整把握课程自在的处境,需要清晰认识课程变革的制度环境和现实可能,进而意识到哪些是可为的,哪些是不可为的;哪些是必须做的,哪些是可选择的;哪些是自己即可为的,哪些是需要制度支持的。

3. 积极的课程自为。按照萨特的观点,自为的存在是自我规定自己存在的。意识是自为的内在结构,自为的存在就是意识面对自我的在场。对课程变革而言,课程主体按照课程发展规律,通过自身的自觉行为和实践实现课程品质的提升,就是课程自为。课程自为意味着我们对课程自在的不满足,意味着我们开动脑筋思考课程变革的空间,意味着我们通过直面本己的课程实践培育新的课程文化,意味着我们在积极的卷入中推进课程深度变革。

4. 深刻的课程自省。课程自省即课程反思。杜威(1933)曾将反思解释为"思,我所思(thinking about thinking)",他鼓励专业人士审思每一个专业判断之下的潜在逻辑。课程变革是一种反思性实践,需要对实践进行反思,再将反思带到新的实践中去。反思性实践是一种主动且持续地审视理论、信念和假设的过程,它可以帮助我们在课程实践中更好地理解自我与他人,选择合适的方式应对可能的情境。课程反思是凌驾于思维之上的更高层次的反思。当你站在既定的框架里去检查这些规则的时候,是无法发现这些规则的问题的;如果你可以跳脱出来,不带评判和预设地去分析这些规则,其中的不妥之处就会被你看到。课程反思是一种能力,当你掌握了这项能力的时候,你就像"觉醒"了一样,一样的世界,你却会有不一样的"看法"。这就是哈贝马斯所谓的"沟通理性"概念,提升课程品质特别需要这样一种理性:反省、批判和论证。

5. 持守的课程自立。《礼记·儒行》:"力行以待取。"每一个人只有在自己的行动中,才能发现自己,才能向世界宣布他具有怎样的价值。课程自立是一个人认识到课程变革是自己的事,要有自己的立场、自己的创见,自持自守,不为外力所动,不随波逐流,进而"回到粗糙的地面"(维特根斯坦语),自觉参与到课程变革中来。课程自立本质上是在课程自知、课程自在、课程自为以及课程自省的作用之下,依靠自己的自觉和力量对课程实践有所贡献,并在此过程中逐渐提升自己的课程能力和专业成熟度,确证自己的"课程人"地位,成为"自己的国王"。

当我们有了清晰的课程自知、透彻的课程自在、积极的课程自为、深刻的课程自省以及持守的课程自立的时候，我们便作为"有创见的主体"主动地介入到课程设计、实施、评价与管理的全过程之中了，学校课程深度变革便自然而然地发生了。

费孝通先生说："文化自觉是一个艰巨的过程。"让课程意识从"睡眠状态""迷失状态"到"自觉状态"，也是一个艰难而痛苦的过程。可喜的是，本套丛书的作者秉持课程自觉之精神，聚焦特色课程建设，在课程自知、课程自在、课程自为、课程自省和课程自立方面掘进，迎来了课程变革的新境界！

杨四耕

2020 年 7 月 3 日于上海市教育科学研究院

目　录

第一章　醇美语文：赋予儿童寻觅美的力量　/ 19

　　语文的世界中，儿童可遨游在汉字王国里，感受文字之美；可沉浸于古今中外经典名著里，感受文本之美；可浸润在中国古典诗词文赋中，感受境界之美。语言之意趣智慧，文字之韵味深长，文本之广博深邃，境界之诗意唯美，皆令儿童流连。"醇美语文"，以识写为基，以阅读为帆，以写作为桨，深挖学校在地文化资源，直抵每个生命心灵深处，赋予儿童寻觅美的力量。

第二章 魔力科学：在探究中体验科学的魅力

皮亚杰喜欢把孩子称为"小小科学家"，因儿童生来就爱探索，积极探索着周围的世界，好奇是其天性。"魔力科学"进入儿童的世界，顺应儿童的天性，保护儿童的好奇心，激发儿童的求知欲，引导儿童认识和客观看待自然世界，通过科学探究获取科学知识，培养学习能力、思维能力、实践能力和创新能力，让孩子在开展属于"自己的研究"中提高科学素养的同时，爱学科学，爱上有魔力的科学课。

第三章 多彩美术：走进丰富多彩的艺术世界

美术是多姿多彩的生活。我们以美学的名义构建美术活动，让儿童走进丰富多彩的美术世界，遨游在"多彩表现""多彩设计""多彩欣赏"和"多彩综合"中，引领儿童发现美术的绚丽多彩，以独特的灵感设计创作五彩斑斓的童真世界，在多彩体验中形成美术素养，发展观察力、想象力和创造力，提高审美品位和审美能力，形成创造美好生活的愿望与能力。

第四章　纯真思政：把美好种进儿童的心田　/ 101

　　"敬教劝学，建国之大本；兴贤育才，为政之先务。"道德与法治课程，成为儿童心灵的守护者，以人为本，塑造儿童良好的品质和健康人格；道德与法治学习，远离喧嚣，回归生活，回归"立德树人"的初心。让儿童在和谐自然中绽放个性，润泽心灵，实现课程与教学变革的美好期待：把美好种进儿童的心田。

第五章　活力体育：给予儿童健康向上的能量　/ 127

　　运动使生命充满活力，儿童因体育勃发生机。我们学校致力于让体育运动成为儿童的一种习惯。体育与健康训练，活跃儿童身心，增强体质；体育与健康学习，探寻运动快乐，拥抱健康。"活力体育"让四肢舒展，全身运动；让活力迸发，舞动青春；让热血沸腾，绽放生命；让身体强健，健康发展，让儿童在充满生机的体育活动中提升素养。

第六章　灵动数学：让思维具有生命的律动感

数学教育的意义在于对人类生活的关注，在于数学教学以美启真：在欣赏中研究，在研究中创造，在创造中感悟，在感悟中欣赏。孩子的数学思维在这严谨的推理之中，灵活的应变之中，多彩的方法之中，不懈的追求之中静静绽放。数学教育不应只着眼于解题与否，应旨在让孩子体会和追求生命真与美的感悟。如此，数学教育方能因思维的境界和生命的理想持续地给予数学教学生命的律动和成长。

第七章　童趣英语：让英语学习更有趣

童年是基石，奠定了人生的未来；童年是快乐，唱响了人生的乐章；童年是坐标,记录着人生的起点。卢梭说过,"大自然希望儿童在成人以前就像儿童的样子"。多给孩子们一点自由,多给他们一点童趣,顺应儿童发展的天性,让他们保持童真和童心,发现童趣是那么的有意义,发现英语课堂是那么的丰富多彩。有童趣的英语课堂是那么的快乐、自然,是那么的生动活泼,是那么的多姿多彩。童趣英语让英语学习更加有趣。

总论　相遇在乡井文化中的课程

　　深井小学坐落在广州市黄埔区长洲岛,明清时期就开设有私塾和书院。前身名为"金鼎小学",已有一百多年的办学历史。民初称"番禺第二区区立第十八小学",1953年改名"深井小学"。学校地处具有700多年历史的深井古村,毗邻闻名遐迩的黄埔军校和美丽的广州大学城。近几年,学校先后被评为全国第一所中华传统文化教学研究实验基地小学、全国校园足球特色学校、全国学校体育联盟(教学改革)实验学校、全国校园阳光体育足球班际联赛示范校、国家级非物质文化遗产广州灰塑传承基地、全国升旗仪式规范化学校、广东省武术协会咏春专业委员会训练基地、广东"席殊八正习字法"教学实验基地、广东省中华优秀文化传承学校、广州市义务教育特色学校、广州市"足球和毽球"传统体育项目学校、广州市少先队红旗大队、广州市书香校园、广州市第一批智慧阅读实验学校、广州市青少年集邮示范学校、广州市优秀家长学校、广东岭南诗社第十个校园诗词辅导站、全国革命老区红军小学与广州红领巾小学手拉手爱国主义教育基地等。

一、 一所"乡井"滋养的学校

　　深井小学位于700年来家家户户拥有水井且以井深而著称的深井古村内,校园至今还保留着一口古井。古村四面珠江环绕,岭南风情浓郁。水乡田园,青砖白石,是渔樵耕读的世外桃源之地。这里人杰地灵,文人辈出,风景名胜颇多,古建筑物保存完好,非物质文化遗产及课程资源丰富。在悠悠岁月中,一口口乡井缓缓流淌出永汲不竭的源头活水,滋养了学校,为课程发展提供了有利条件。

（一）拥有丰富的在地文化课程资源

学校所属社区在地文化课程中的自然资源、人文资源和历史资源十分丰富。我校贯彻国家课程标准的实施，并结合深井世代书香文化、广府文化、水乡文化、节庆文化和岭南特色建筑文化等在地资源，开展古村探秘和灰塑文化传承等学习。黄埔军校、东征阵亡烈士墓、辛亥革命纪念馆等中国近代革命遗迹为开展红色经典活动提供了爱国主义主题教育课程基地。深井古村"梓里长春，两朝显华堂"，曾有七个进士和几十个举人、贡生（其中进士一巷、进士二巷、进士三巷、书房巷等巷名至今保留），其中还有与康有为同榜进士，与齐白石、陈寅恪过从甚密，官至直隶布政使的凌福彭；与冰心、林徽因齐名的"民国文坛三才女"之一凌叔华；不失气节的广东省警察厅厅长凌鸿年；宁死不屈的广州市委书记凌希天等民族英雄。此外，这里兴办的黄埔水师学堂、中正中学、广州水陆师学堂、广东黄埔鱼雷学堂、广东陆军小学堂等学校为中华民族独立和复兴培养了大批人才，如邓演达、陈铭枢、叶挺等知名历史人物和黄埔军校将领。丰富的各界名人资源为学校开发深井名人馆、小小演说家、小小讲解员等课程提供了教学资源。

而今，除了以上历史人文资源外，"隆平国际现代农业水稻公园"（简称"隆平公园"）已在长洲、深井等片区选址规划，深井社区霸王花基地和中山湿地公园也为学校开发科学探究课程、现代农业课程提供了良好平台。

（二）拥有多元的社会支持单位

学校与广州大学城仅一桥之隔，大学城内高等院校有中山大学、华南理工大学、华南师范大学、星海音乐学院等十余所，丰富的高校资源源源不断地向学校输入。学校还与高校联手进行合作项目研究，建立社会实践基地。学校参与由全国红办、广州市委组织部联合组织的全国红军小学"山海对话"活动，并与井冈山、延安、遵义等多地学校结为手拉手结对子学校。黄埔军校为学校培养"黄埔军校小小讲解员"，并为我校学生开展相关的社会实践提供良好平台。我校与广州灰塑研究院合作，成为全国第一所开设有国家级非遗文化灰塑课程的小学，并成立了以传承人刘娟命名的"刘娟工作室"，三年共创作了 200 多件灰塑作品。驻岛部队、广东省狮子会华文服务队、热心企业、家长志愿者、校友等资源将"我是黄埔小兵"国防教育、绘本故事、书法、古筝、管乐、国画、足球、武术、力翰科学、少儿编程、冬夏令营主题活动、亲子主题等课程引进学校，进一步丰富学校的课程内容。

（三）拥有较高水平的教研能力

自 2014 年以来，学校确立教科研先导意识，开展非遗文化服务项目学习，全校老师都参与了课程统整、校级小课题研究，以语文、英语、数学、艺术等科组为平台，将地方课程融入国家课程实施中，切入深井古村历史文化、自然科学、艺术等内容。目前学校有广东省"十二五"教育科学研究规划课题 1 个，市级课题 9 个，区级课题 2 个。课题结题多个。校本课程的研发不断追求教学应用价值，已初步形成一种民主、开放、科学的课程意识。

（四）学校内涵提升与特色发展有明确的聚焦

近几年，经过全校师生的共同努力，学校从黄埔区原办学规模最小且拟被撤并的相对薄弱学校，发展为今天的"广州市义务教育特色学校"，这是我们坚持"深仁厚泽，井养不穷"办学理念的结果，也是学校师生的价值追求。它凝聚人心、振奋士气，形成和谐奋进的校园风气，形成了我们学校自己的课程理念，让每个毕业于深井小学的孩子在这块纯净古朴的乡井文化中安于学习，乐于实践，满怀自信，成为新时代的有为少年。

总之，在地资源文化的丰富性，社会支持的多元性，以及明确的办学理念使得学校课程具有了鲜明的地域文化特色和内部发展动力，呈现出迈向 3.0 学校课程变革的多元化发展趋势。

二、 树深仁厚泽之风，立井养不穷之意

"问渠那得清如许？为有源头活水来。"源泉是滋养万物、滋养生命的载体，源自深

井古村的井水是润泽生命的养料。在悠悠岁月中，乡井流淌出的不竭的清冽甘甜之泉水，既是人们的生命之水，也是人类文化之玉液琼浆。掘井及泉，以泉养人之生命。地处深井古村的深井小学，以古村乡井文化为根脉，以"井养教育"为课程哲学。"井养教育"就是给人源源不断的滋养的教育，就是让孩子形成能带得走的能力的教育，就是让师生都能拥有更完满的人生和追求无限可能的教育。

基于上述课程哲学，我们把办学视作掘井的过程，以清澈的甘泉作为教育内容，以潜移默化的方式滋养师生的心灵，同时彰显出独特的乡井文化符号。由此，我们把学校的办学理念确立为"深仁厚泽，井养不穷"。深仁厚泽，指深厚的仁爱和恩惠；井养不穷，指涵养正道，深植善根，则水源不尽，受益无穷。立校植根于此，则根固而枝繁；治学以此为鉴，则鉴明而学显。于是，校风清丽雅正，校貌卓尔不凡。

我们依据这样的办学理念，制定了"办一所扎根乡井文化、传承历史辉煌、彰显办学特色的精品学校"的办学目标，努力促使师生珍视学校自身的深厚文化，建立文化自觉和文化自信，通过开展特色活动，打造一所内涵丰富的精品学校。基于此，我们秉持以下教育信条：

我们坚信，

滋养不穷是生命的主流。

我们坚信，

儿童是有无穷潜力的生命体。

我们坚信，

学校是让生命得以润泽的园地。

我们坚信，

给儿童带得走的能力是教育的神圣使命。

我们坚信，

追求温暖而润泽的教育是教师的美好愿景。

我们坚信，

润泽心灵、静待花开是学校教育最美的姿态。

　　杜威强调说："生长是生活的特征,所以教育就是生长。"而孩子的学习是一种内在的生长,需要以课程为载体。所有师生在校园内的行为也是由课程牵引。学校课程当以培养孩子的核心素养为目标。小学是一个人成长的基石,小学核心素养的培养就是给孩子带得走的能力与良好习惯,让孩子受用终身。因此,我们提出的课程理念为:给每一个孩子带得走的能力。这意味着:

　　——课程即生命滋养。教育是用来滋养生命的,课程就是为生命提供养料的。我校根据国家教育教学要求,结合本校地域文化、学生群体特征构建了富有特色的课程体系,在语言文字、数学思维、书法练习、音乐美术、体育活动、科学探究和综合实践等方面都有自己的特色课程,加之"430 特色课程"课后托管,为每一个孩子提供了共同需求的土地、阳光、雨露以及个性需求的养料与呵护。

　　——课程即内在生长。"生长",它意味着希望、活力和生命力。"主体意识"理论认为儿童生命成长的动力与能量主要来于内部,而课程,是实现这种成长的最根本的载体与途径。课程设置像一条条跑道的铺设,让每一个孩子一旦立足于跑道,就能在教师的引领下不知不觉地不断自我挖掘内在潜力,并且乐此不疲。

　　——课程即个性张扬。19 世纪英国著名的课程论学者斯宾塞曾说:"教育的目的是培养人的个性。"培养未来社会需要的创新型人才,也需要尊重学生个性,需要张扬学生的良好个性,需要给不同个性的学生提供不同类型的跑道,让每一个孩子在适合自己个性的跑道上实现自我成长。

　　——课程即能量提升。每个人都是一个小宇宙,每个孩子更是潜藏着丰富能量的小宇宙。儿童能量是各种核心素养的融合力量,需要学校教育系统地开发、挖掘、引导和提升。素养与能力宛若井中"水",课程也就是这条"汲水之绳",学生经由学校设置的科学而系统的课程"汲深井之泉",发展自己的核心素养,提升内在能量。

　　总而言之,深井小学的课程宗旨是给每个孩子带得走的能力,促进每个孩子的健康成长,并受益终身。

三、 学校课程目标

学校课程建设是通过服务于育人目标来实现的。确定育人目标是学校课程变革的逻辑起点。我们努力培养具有"明晃晃、活泼泼、水灵灵、亮堂堂"的"有为少年"。具体内涵如下：

——眼睛明晃晃，爱好运动，健康阳光。

——性格活泼泼，善于沟通，兴趣广泛。

——脑子水灵灵，勤于思考，灵动智慧。

——品格亮堂堂，乐于助人，自信开朗。

基于以上育人目标，我校围绕"给每个孩子带得走的能力"的宗旨来确定"井养式课程"目标，我们将其分解为各学段具体的课程目标（见表1）：

表1 广州市黄埔区深井小学"井养式课程"目标表

育人目标 年段	低年级	中年级	高年级
眼睛明晃晃，爱好运动，健康阳光。	1. 具有积极参与体育活动的态度和行为。 2. 有关注身体健康的意识，知道身体各主要部位名称和自己身体的变化。 3. 建立和谐的人际关系，具有良好的合作精神和体育道德，体验集体活动和个人活动的区别，在体育活动中尊重他人。	1. 培养运动的兴趣和爱好，养成坚持锻炼的习惯。 2. 具有良好的心理品质，表现出人际交往的能力与合作精神。 3. 提高对个人健康和群体健康的责任感，养成健康的生活方式。 4. 发扬体育精神，形成积极进取、乐观开朗的生活态度。	1. 发自内心喜欢体育活动，认识身心发展的关系。 2. 从运动环境中感受到集体的温暖和情感的愉悦。 3. 在经历挫折和克服困难的过程中，提高抗挫折能力和情绪。 4. 增强自信心，培养创造精神和创新能力，形成积极向上、乐观开朗的调节能力，培养坚强的意志品质。

续表

育人目标 \ 年段	低年级	中年级	高年级
性格活泼泼，善于沟通，兴趣广泛。	1. 认识常用汉字 1600 个左右，会写 800 个左右。学习独立识字。学会查字(词)典方法。 2. 学会准确地拼读音节，正确书写拼音。认识大写字母，熟记《汉语拼音字母表》。 3. 懂得甲骨文字形，并通过图画和故事把握阅读文字的汉字含义。 4. 字写得规范、端正、整洁，养成良好的写字习惯。 5. 喜欢阅读浅近的童话、寓言、故事，关心自然和生命，对感兴趣的人物和事件有自己的感受和想法，并乐于与人交流。结合上下文和生活实际了解课文中词句的意思，在阅读中积累词语。借助读物的图画阅读。认识课文中出现的常用标点符号。初步养成爱护图书的习惯。 6. 诵读儿歌、童谣和浅近的古诗，展开想象，感受语言的优美。学习用普通话正确、流利、有感情地朗读课文。学习默读。 7. 积累自己喜欢的成语和格言警句。背诵优秀诗文 50 篇(段)。课外阅读总量至少 5 万字。	1. 养成主动识字的习惯。认识常用汉字 2500 个左右，会写 1600 个左右。能使用硬笔熟练地书写正楷字，做到规范、端正、整洁。用毛笔临摹正楷字帖。 2. 用普通话正确、流利、有感情地朗读课文。学会默读的方法。学习略读，粗知文章大意。 3. 能初步把握文章主要内容，体会文章表达的思想感情。能对课文中不理解的地方提出疑问。能复述叙事性作品的大意，与他人交流自己的阅读感受。 4. 诵读优秀诗文，体验情感，展开想象，领悟内容。 5. 积累课文的优美词语、精彩句段及在课外阅读和生活中获得的语言材料。背诵优秀诗文 50 篇(段)。养成读书看报的习惯，课外阅读总量至少 40 万字。 6. 留心周围事物，乐于书面表达，与他人分享习作的快乐。 7. 能不拘形式地清楚写下自己的见闻、感受和想象。能用简短的书信便条进行书面交流。学习修改习作中有明显错误的词句。正确使用标点符号。	1. 有较强独立识字能力。累计认识常用汉字 3000 个左右，会写 2500 个左右。硬笔、毛笔书写楷书，体会汉字的优美。 2. 能用普通话正确、流利、有感情地朗读课文。默读有一定的速度，学习浏览，扩大知识面，根据需要搜集信息。 3. 能借助词典、联系上下文和自己的积累，推想课文中有关词句的意思，辨别词语的感情色彩，体会表达效果。在阅读中揣摩文章的表达顺序，体会作者的思想感情，初步领悟文章基本的表达方法。敢于提出自己的看法，作出自己的判断。阅读叙事性作品，了解事件梗概，描述自己印象最深的场景、人物、细节，说出自己的感受。阅读诗歌，大体把握诗意，想象诗歌描述的情境，体会诗人的情感。受到优秀作品的感染和激励。阅读说明性文章，能抓住要点，了解基本说明方法。体会标点符号的不同用法。

育人目标 \ 年段	低年级	中年级	高年级
	8. 对写话有兴趣,写自己想说的话。写话中乐于运用在阅读和生活中学到的词语和标点符号。 9. 能进行简单的角色表演。能唱简单的英文歌曲和歌谣。 10. 初步学习 Sight Words。 11. 有初步的审美辨别能力。在积极体验状态下模仿和探究艺术的趣味。	8. 继续开展 Phonics 学习,养成语音意识。 9. 通过词汇、对话的学习提升英语语用能力。 10. 能集中注意力聆听或者欣赏简单的音乐美术等艺术,有一定的韵律感和审美认识能力,养成健康向上的审美情趣。 11. 通过开放式和趣味性艺术学习,积累情感经验,在探究中自主演唱歌曲或创作绘画。 12. 认识和学习各种艺术的初步技能并自然地运用起来,并能慢慢理解艺术的各种创作背景和相关文化。	4. 诵读优秀诗文,背诵优秀诗文 60 篇(段)。扩展阅读面,课外阅读总量至少 100 万字。 5. 懂得写作是为了自我表达和与人交流。养成留心观察周围事物的习惯,有意识地丰富自己的见闻,珍视个人独特感受,积累习作素材。 6. 能写简单的记实作文和想象作文,内容具体,感情真实。学写常见应用文。 7. 按照要求修改自己的习作,并主动与他人交换修改,正确使用常用的标点符号,要有一定速度。 8. 通过单元整体模块学习,提高英语的阅读和写作能力。 9. 尊重艺术,能与他人互相审美并乐于学习和欣赏美,拥有正确的审美观念和修养。
脑子水灵灵,勤于思考,灵动智慧。	1. 初步认识数学与人类生活的密切联系及对人类历史发展的作用,培养数学意识,形成良好数感。形成实事求是的态度以及质疑和	1. 能积极参与数学活动,锻炼克服困难的意志。 2. 学习加法减法算理,掌握乘法算理,培养良好计算习惯。	1. 培养创新技能与对数学知识的直接兴趣。在同伴之间的交流与团结协作中,获得肯定,又在独立思考后,获得成就感。

育人目标 年段	低年级	中年级	高年级
	独立思考的习惯。 2. 认识基本图形,通过图片、视频、数学游戏抽象出数学知识的活动,激发学习数学有关知识的兴趣。 3. 知道如何进行巧算和简单的推理来感悟数学的奥秘。 4. 经历从日常生活中抽象出数的过程,理解万以内数的意义,初步认识分数和小数,理解常见的量,体会四则运算的意义,掌握必要的运算技能,在具体情境中,能进行简单的估算。提高运用知识解决实际问题的能力。 5. 经历简单的数据收集、整理、分析的过程,了解简单的数据处理方法。	3. 重视基本图形的识别和再现,建立空间观念,形成空间表象。 4. 培养数感,初步建立数学思想,能够主动发现问题并独立思考解决问题的方法,分析简单情境中的数学,培养语言表达能力,促进思维发展。 5. 积极探索和观察,积极地提出问题,努力地改进学习方法,体验事半功倍的喜悦之心。 6. 从实际物体中抽象出简单几何体和平面图形来了解一些几何体和平面图形,感受平移、旋转、轴对称现象,认识物体的相对位置。掌握初步的测量、识图和画图的技能。 7. 从具体情境中抽象出数的过程,认识万以上的数,理解分数、小数、百分数的意义,了解负数,掌握运算技能,理解估算意义,能解简单方程。	2. 儿童自己弄清算理,揭示规律。 3. 加强理解解答应用题的题意,掌握分析方法,提高分析能力。 4. 重视估算,培养运用估算解决生活问题的能力,逐步发展学生综合运用知识的能力。 5. 能用所学知识和方法解决简单问题,感受数学在生活中的作用。 6. 在探索解法的过程中亲身体验到数学思想的博大精深和数学方法的创造力。 7. 养成积极参与数学学习活动、敢于质疑、独立思考、不怕困难等习惯。 8. 探索和了解一些几何体和平面图形的基本特征,体验简单图形的运动过程,能画出简单图形运动后的图形,了解测量、识图和画图的基本方法。 9. 经历数据的收集、整理和分析,掌握一些简单的数据处理技能,体验随机事件和事件发生的可能性。 10. 能借助计算器解决简单问题。

续表

育人目标 年段	低年级	中年级	高年级
品格亮堂堂，乐于助人，自信开朗。	1. 有礼貌讲卫生，会用常用礼貌用语。不乱扔垃圾，见到垃圾自觉捡起来。 2. 主动向师长问好，行鞠躬礼，主动帮爸妈做力所能及的家务。 3. 主动与人沟通，培养阳光心理，举止文明。 4. 积极参加学校各项活动：毽球、舞蹈、足球等。培养多种兴趣爱好。 5. 拥有诚实守信的品格，敢于表达自己的内心感受，面对困难积极想办法解决。	1. 从日常小事做起，不以善小而不为，做到举止文明，心存感恩，有互助意识，将传统美德准则内化吸收，并在日常生活中践行。 2. 与同学和老师和睦相处，主动与人合作，尊重他人观点，责任心强，培养关心集体、热爱集体的精神。 3. 积极参加学校各项活动，如：足球、毽球、灰塑、趣味编程等。拥有广泛的兴趣和爱好。 4. 拥有坚定的、高尚的品格，以每日目标"写好字、习好武、读好书、做好人"为坚定信念。	1. 每周给自己定下生活和学习的小目标，每天想好当天要完成的事，每晚反思当天的表现，做到有则改之，无则加勉。 2. 学会注重细节，待人有礼，与同学互相帮助，多为班级作贡献。 3. 学习遇到不懂的主动向老师请教，当自己有不同于他人的想法或者认知时，敢于表达自己的意见，学会理性思考、批判地看待问题。 4. 积极参与班级和学校活动，学会发掘自己擅长的体育或文娱项目。 5. 以德智体美劳全面发展的要求约束和鞭策自己，争当中低年级学生的榜样。

四、学校课程体系

（一）课程结构

学校"井养式课程"就是提供生命生长的养料，滋养学生茁壮成长。我校融合国家课程、地方课程以及校本课程，按照多元智能理论，建构"井动课程、井恬课程、井言课程、井思课程、井美课程、井探课程"。（见图1）

1. 井动课程。井动课程崇尚运动至和,让儿童乐于锻炼身体,拥有健康的身心。包含了以下课程:蹦蹦跳跳、一"毽"穿心、脚底生花、自然洒脱、快乐奔跑、捷足先登、"悦"跳越快、翻飞腾跃、金蝉脱壳、足够霸道、行云流水、天衣无缝、"毽"舞飞扬、健步如飞、气吞山河等。

2. 井恬课程。井恬课程崇尚德行至正,让儿童乐于洋溢美德,拥有正向的行为。包含了以下课程:礼仪教育、"新"花怒放、洗耳恭听、井井有条、文明学员、5S伴我行、彬彬有礼、公民教育、明理导行、关爱服务、感恩教育、我"型"我"塑"、励志教育、了解自我、黄埔小兵、劳动光荣、劳心劳力等。

图1　广州市黄埔区深井小学"井养式课程"结构图

3. 井言课程。井言课程崇尚语言至雅,让儿童乐于表达交流,拥有沟通的智慧。包含了以下课程:烂漫蒙学、故事大王、绘本故事、习字修身、汉字思维、绘声绘语、古村小导游、古韵童声、小小讲解员、小小演说家、深井名人馆、雅韵传承、智慧阅读、校园小辩手、我写我心、英语儿歌、自然拼读、趣味字母、百变单词、童年同阅、童趣舞台、仿句识音、研文思意、美音美词、美音美文、童趣配音、妙笔生花、思维导图等。

4. 井思课程。井思课程崇尚思维至活,让儿童乐于分析思考,拥有严谨的逻辑。包含了以下课程:玩转数学、数一数二、计算小能手、计算小达人、炫彩巧拼、活学活用、巧学妙用、数学展报、数学故事、数学城堡、命题小能手、加减乘除、三阶数独、玩转扑克、玩转多米诺、一"站"到底、魔幻魔方等。

5. 井美课程。井美课程崇尚艺术至美,让儿童乐于发展特长,拥有雅致的趣意。包含了以下课程:乐动心弦、美妙涂鸦、拼拼贴贴、小小节奏师、画出彩虹、"筝筝"日"尚"、渲染泼墨、趣味拼贴、笔墨生花、"吹音"袅袅、"吹音"如梦、灰塑社团、创意拼贴、舞动童心、唱游童年等。

6. 井探课程。井探课程崇尚科学至新,让儿童乐于探索实践,拥有创新的意识。

包含了以下课程：科学故事、科学幻想画、乐高机器人、无人机、蚕宝宝变形记、思维导图、公园观鸟、无线电测向、趣味编程、科普大讲堂、种子的生长、力翰科学、垃圾分类、认识周围的动植物、霸王花种植、古村探秘、古村印象等。

(二) 课程图谱

基于上述的课程结构，我校六个年级的课程图谱见表2。

表2　广州市黄埔区深井小学"井养式课程"图谱

井养式课程 / 年级	学期	井动课程	井恬课程	井言课程	井思课程	井美课程	井探课程
一年级	上学期	一"毽"穿心 脚底生花 自然洒脱 快乐奔跑 蹦蹦跳跳	"新"花怒放 洗耳恭听 井井有条 明理导行 感恩教育 文明学员 5S伴我行 劳动光荣	烂漫蒙学 故事大王 汉字思维 习字修身 智慧阅读 绘本故事 趣味字母	玩转数学 炫彩巧拼 计算小能手 活学活用	舞动童心 唱游童年 "吹音"袅袅 小小节奏师 "筝筝"日 "尚" 拼拼贴贴	科学故事 科学幻想画 乐高机器人 认识周围的 动植物
	下学期	一"毽"穿心 脚底生花 自然洒脱 快乐奔跑 蹦蹦跳跳	我"型"我"塑" 彬彬有礼 黄埔小兵 励志教育 公民教育 礼仪教育 5S伴我行	烂漫蒙学 故事大王 汉字思维 习字修身 智慧阅读 绘本故事 趣味字母	数一数二 计算小能手 活学活用	舞动童心 唱游童年 "吹音"袅袅 小小节奏师 "筝筝"日 "尚" 拼拼贴贴	蚕宝宝变形记 思维导图 垃圾分类 公园观鸟 无线电测向
二年级	上学期	一"毽"穿心 脚底生花 自然洒脱 快乐奔跑 蹦蹦跳跳	洗耳恭听 井井有条 明理导行 感恩教育 文明学员 5S伴我行 劳动光荣	古韵童声 故事大王 汉字思维 习字修身 智慧阅读 绘本故事 趣味字母	玩转数学 炫彩巧拼 计算小能手 活学活用	舞动童心 唱游童年 "吹音"袅袅 小小节奏师 "筝筝"日 "尚" 画出彩虹 渲染泼墨	科学故事 科学幻想画 乐高机器人 认识周围的 动植物

井养式课程＼年级	学期	井动课程	井恬课程	井言课程	井思课程	井美课程	井探课程
二年级	下学期	一"毽"穿心脚底生花自然洒脱快乐奔跑蹦蹦跳跳	彬彬有礼黄埔小兵励志教育公民教育礼仪教育5S伴我行	古韵童声故事大王汉字思维习字修身智慧阅读绘本故事趣味字母	数一数二计算小能手活学活用	舞动童心唱游童年"吹音"袅袅小小节奏师"筝筝"日"尚"画出彩虹渲染泼墨	蚕宝宝变形记思维导图垃圾分类公园观鸟无线电测向
三年级	上学期	天衣无缝金蝉脱壳行云流水健步如飞"悦"跳越快	关爱服务井井有条明理导行感恩教育文明学员5S伴我行劳动光荣	古韵童声故事大王汉字思维习字修身智慧阅读绘本故事仿句识音英语儿歌自然拼读童年同阅趣味字母Disney英语	玩转数学炫彩巧拼计算小能手活学活用一"站"到底数学展报数学故事	舞动童心唱游童年"吹音"袅袅小小节奏师"筝筝"日"尚"渲染泼墨乐动心弦	科学故事科学幻想画乐高机器人认识周围的动植物蚕宝宝变形记趣味编程隆平院士港
三年级	下学期	天衣无缝金蝉脱壳行云流水健步如飞"悦"跳越快	黄埔小兵励志教育公民教育礼仪教育5S伴我行	古韵童声故事大王汉字思维习字修身智慧阅读绘本故事英语儿歌自然拼读童年同阅百变单词童趣舞台	计算小能手活学活用加减乘除数学展报数学城堡	舞动童心唱游童年"吹音"袅袅小小节奏师"筝筝"日"尚"渲染泼墨乐动心弦	力翰科学科普大讲堂思维导图垃圾分类公园观鸟霸王花种植古村探秘无线电测向隆平院士港

续表

井养式课程\年级	学期	井动课程	井恬课程	井言课程	井思课程	井美课程	井探课程
四年级	上学期	天衣无缝 金蝉脱壳 行云流水 健步如飞 "悦"跳越快	关爱服务 井井有条 明理导行 感恩教育 文明学员 5S伴我行 劳心劳力	雅韵传承 习字修身 智慧阅读 小小讲解员 小小演说家 古村小导游 仿句识音 绘声绘语 研文思意 百变单词 Disney英语	玩转数学 加减乘除 一"站"到底 数学展报 数学故事 计算小达人 巧学妙用	舞动童心 唱游童年 "吹音"如梦 小小节奏师 笔墨生花 "筝筝"日 "尚" 美妙涂鸦 趣味拼贴 乐动心弦 灰塑社团	蚕宝宝变形记 无人机 趣味编程 力翰科学 乐高机器人 科普大讲堂 思维导图 垃圾分类 公园观鸟 隆平院士港
	下学期	天衣无缝 金蝉脱壳 行云流水 健步如飞 "悦"跳越快	黄埔小兵 励志教育 公民教育 礼仪教育 5S伴我行	雅韵传承 习字修身 智慧阅读 小小讲解员 小小演说家 古村小导游 仿句识音 绘声绘语 研文思意 百变单词 童趣舞台	数学展报 数学城堡 魔幻魔方 三阶数独 命题小能手 计算小达人 巧学妙用	舞动童心 唱游童年 "吹音"如梦 小小节奏师 笔墨生花 "筝筝"日 "尚" 美妙涂鸦 趣味拼贴 乐动心弦 灰塑社团	霸王花种植 古村探秘 无人机 趣味编程 无线电测向 隆平院士港
五年级	上学期	"毽"舞飞扬 足够霸道 气吞山河 捷足先登 翻飞腾跃	关爱服务 井井有条 明理导行 感恩教育 文明学员 5S伴我行 劳心劳力	雅韵传承 习字修身 智慧阅读 小小讲解员 小小演说家 古村小导游 深井名人馆 美音美词 童趣配音 智慧阅读 妙笔生花 思维导图	玩转数学 加减乘除 一"站"到底 数学展报 数学故事 计算小达人 巧学妙用	舞动童心 唱游童年 "吹音"如梦 小小节奏师 "筝筝"日 "尚" 美妙涂鸦 乐动心弦 灰塑社团	力翰科学 乐高机器人 科普大讲堂 思维导图 垃圾分类 公园观鸟 隆平院士港

井养式课程 / 年级	学期	井动课程	井恬课程	井言课程	井思课程	井美课程	井探课程
五年级	下学期	"毽"舞飞扬 足够霸道 气吞山河 捷足先登 翻飞腾跃	黄埔小兵 励志教育 公民教育 礼仪教育 5S伴我行	雅韵传承 习字修身 智慧阅读 小小讲解员 小小演说家 古村小导游 深井名人馆 美音美词 童趣配音 智慧阅读 妙笔生花 童趣舞台	数学展报 数学城堡 魔幻魔方 三阶数独 命题小能手 计算小达人 巧学妙用	舞动童心 唱游童年 "吹音"如梦 小小节奏师 "筝筝"日 "尚" 美妙涂鸦 乐动心弦 灰塑社团	霸王花种植 古村探秘 无人机 趣味编程 无线电测向 隆平院士港
六年级	上学期	"毽"舞飞扬 足够霸道 气吞山河 捷足先登 翻飞腾跃	井井有条 明理导行 感恩教育 文明学员 5S伴我行 劳心劳力	雅韵传承 习字修身 智慧阅读 小小讲解员 小小演说家 古村小导游 深井名人馆 美音美文 童趣配音 智慧阅读 学以致用 思维导图	玩转数学 一"站"到底 数学展报 数学故事 计算小达人 巧学妙用	舞动童心 唱游童年 "吹音"如梦 小小节奏师 "筝筝"日 "尚" 美妙涂鸦 创意拼贴 乐动心弦 灰塑社团	无人机 趣味编程 科普大讲堂 思维导图 垃圾分类 公园观鸟 隆平院士港
	下学期	"毽"舞飞扬 足够霸道 气吞山河 捷足先登 翻飞腾跃	了解自我 励志教育 公民教育 礼仪教育 5S伴我行	雅韵传承 习字修身 智慧阅读 小小讲解员 小小演说家 古村小导游 深井名人馆 美音美文 童趣配音 智慧阅读 学以致用 童趣舞台	数学展报 数学城堡 魔幻魔方 三阶数独 命题小能手 计算小达人 巧学妙用	舞动童心 唱游童年 "吹音"如梦 小小节奏师 "筝筝"日 "尚" 美妙涂鸦 创意拼贴 乐动心弦 灰塑社团	霸王花种植 古村探秘 无人机 趣味编程 无线电测向 隆平院士港

五、学校课程实施

学校课程建设的重心在于实施，我校通过课堂教学、学科建设、社团活动、学科节日、研学旅行等方面来落实课程实施，以实现"井养文化"的追求。

（一）构建"井养课堂"，提升学校课程品质

课堂教学是课程实施最重要的途径。我校构建"井养式课程"来落实学科基础课程。"井养课堂"是围绕孩子核心素养培养的课堂，包含以下六个要素：

1. 饱满的教学目标。"井养课堂"为培养具有扎实基础知识、丰富的情感世界、正确的价值取向的少年儿童，使其具有适应终身学习的技能和方法，学会收集、判断和处理信息，具有初步的科学与人文素养、环境意识，具有强健的体魄、顽强的意识、积极健康的生活方式和审美情趣，学会交流与合作，具有团队精神，初步具有面向世界的开放意识。

2. 丰富的教学内容。"井养课堂"教学内容广泛丰富，学校在教育过程中结合地方文化与社会资源，努力创设更广泛的课程内容，让孩子们全方位地了解人文素养、数学空间、科学技术、体育艺术等方面的学习内容，让孩子们在多样化的学习材料中阅读人生、阅读社会，形成自己的个性。

3. 有趣的教学过程。"井养课堂"教学过程注重情趣，注重培养孩子敢于质疑、学会独立思考、积极乐观的求学态度。培养健康的心理素质与生存技能，在不断的探究、发现与实践中，孜孜追求，尝试成功的喜悦。

4. 可迁移的教学方法。"井养课堂"中教师依据"迁移规律"在教学中努力实现正迁移，防止负迁移，设法为新知识的生长提供联系的"认识桥梁"，通过迁移来发挥旧知识在学习新知识中的铺垫作用。通过引导孩子类比推理，发现新旧事物之间的联系，通过比较、分析、综合，然后对事物进行抽象、概括，以做到举一反三、触类旁通。

5. 多元的教学评价。遵循评价方式的五项基本原则：一是评价是多角度的；二是

评价关注学生不同阶段的成长;三是评价要反映教学信息;四是正式与非正式评价同等重要;五是学生是主动的自我评价者。多元教学评价包括多种不同评价方式,如实作评价、动态评价、变通性评价、卷宗评价、真实评价、直接评价等。

6. 赏识的教学氛围。爱因斯坦说过:"最重要的教育方法就是鼓励孩子去实际行动。"我们以"赏识"为师生教学实践赖以展开的前提、背景和氛围,以"赏识"为学习与教学活动的文化。教师在课程实施的过程中要及时鼓励孩子每一点进步,要鼓励孩子坚持自己的志向,要鼓励孩子去大胆尝试,以实现让孩子快乐地学习,并不畏惧犯错与失败,不断进步,成为一个更完整的人。

(二) 建设"井养学科",落实学科拓展课程

落实学科拓展课程,发展学生探究能力和以创新精神为核心的思维能力,转变学习方式,促进教师教育观、课程观的更新,改善我校的课程结构,结合本地资源,完善和丰富校本课程。

我校围绕"1 + X"学科课程群开展"井养学科"课程。也就是说,每门学科都可以形成"1 + X"学科课程群。"1"是指基础型学科课程,"X"指学科延伸课程。教师们基于学科特点和自己的教学主张开发了系列"X"课程,形成了"醇美语文""灵动数学""魔力科学""活力体育""纯真思政""多彩美术""童趣英语"等学科课程群。由教师开发的学科延伸课程既可以独立实施,也可以与基础型课程进行整合,嵌入教师课堂教学的某一环节来落实。

(三) 建设"井养社团",落实兴趣爱好课程

社团是依据学校的课程规划实施的团体性、系统性的活动课程,由专业老师组织和指导。"井养社团"是依据小学新课程标准,结合我校井养课程,有效地实施素质教育,激发学生潜能,拓展学生特长,使学生个性得到发展,校园生活得到丰富的一项社团活动。孩子们根据自己的兴趣、爱好,自由选择定期和不定期的训练研习的学习团体。我校的"井养社团"主要包括艺术类、体育类、科创类、语言类和公益类五大社团,

每个社团有不同的活动方式和培养目标。

(四) 聚焦"井养文化"，落实古村文化课程

作为一个百年古村，深井古村有着浓厚的文化底蕴，我校的"井养文化"也是通过这一途径得以实施。"井养"根植于深井小学文化的土壤，孕育自身的办学传统及所处的地域人文环境，它所蕴含的文化元素启迪深井小学师生不断前行和探索，最终通过文化引领使学校不断从优质走向卓越。为弘扬古村文化，我们将"井养文化"与课程整合，通过灰塑与美术课程的整合、传统学科与深井本地文化整合、古村文化融入国家课程的多学科整合来进行"井养文化"的实践与操作。

(五) 践行"井养之旅"，落实研学旅行课程

我们学校以乡土乡情为主线，推行"井养之旅"，落实研学旅行课程。"井养之旅"课程以"红色革命传统""祖国美好河山""传统历史文化"三个主题为方向进行设计。让儿童在实践中学习，在学习中探索和创新，在学习与实践中不断成长，培养儿童德、智、体、美、劳全面发展。

(主要执笔人：潘文英　李卫红　欧丽萍　朱智萍　郑穗华　凌燕霞　袁敏燕等)

第一章

醇美语文: 赋予儿童寻觅美的力量

　　语文的世界中,儿童可遨游在汉字王国里,感受文字之美;可沉浸于古今中外经典名著里,感受文本之美;可浸润在中国古典诗词文赋中,感受境界之美。语言之意趣智慧,文字之韵味深长,文本之广博深邃,境界之诗意唯美,皆令儿童流连。"醇美语文",以识写为基,以阅读为帆,以写作为桨,深挖学校在地文化资源,直抵每个生命心灵深处,赋予儿童寻觅美的力量。

广州市黄埔区深井小学语文教研组现有教师 13 人，其中中小学高级教师 1 人，中小学一级教师 9 人，广州市优秀骨干教师 1 人，黄埔区骨干教师 2 人，教学能手和教坛新秀 1 人，其中 1 人任学校教学管理中心主任。黄埔区深井小学语文教研组教师形成了各具个性的教学特色，课堂教学深受儿童喜爱，并能充分发挥团队合力，认真开展本校备课活动和教研活动，积极参加广州市教育研究院和黄埔区教育研究院的各种教科研活动，在教科研方面进步显著。我校秉承教育部《关于深化课程改革，落实立德树人根本任务的意见》《义务教育语文课程标准（2011 年版）》等文件精神，全面推进语文学科课程建设。

第一节　涵养醇正美好人格的语文

《义务教育语文课程标准（2011 年版）》指出："语言文字是人类最重要的交际工具和信息载体，是人类文化的重要组成部分。""时代的进步要求人们具有开阔的视野、开放的心态、创新的思维，对人们的语言文字运用能力和文化选择能力提出了更高的要求，也给语文教育的发展提出了新的课题。""语文课程致力于培养儿童的语言文字运用能力，提升儿童的综合素养，为学好其他课程打下基础；为儿童形成正确的世界观、人生观、价值观，形成良好个性和健全人格打下基础；为儿童的全面发展和终身发展打下基础。"[1]语文课程是培养儿童语言文字运用能力最为重要的载体，加上其多重功能和奠基作用，决定了它在九年义务教育中的重要地位。基于这种认识，我们树立了以下语文学科性质观与课程理念。

---

① 中华人民共和国教育部. 义务教育语文课程标准（2011 年版）[S]. 北京：北京师范大学出版社，2012：1.

一、 学科性质观

《义务教育语文课程标准(2011 年版)》首先指出："语文课程是一门学习语言文字运用的综合性、实践性课程。义务教育阶段的语文课程，应使儿童初步学会运用祖国语言文字进行交流沟通，吸收古今中外优秀文化，提高思想文化修养，促进自身精神成长。工具性与人文性的统一，是语文课程的基本特点。"

《义务教育语文课程标准(2011 年版)》还提出："语文课程应激发和培育儿童热爱祖国语文的思想感情，引导儿童丰富语言积累，培养语感，发展思维，初步掌握学习语文的基本方法，养成良好的学习习惯，具有适应实际生活需要的识字写字能力、阅读能力、写作能力、口语交际能力，正确运用祖国语言文字。语文课程还应通过优秀文化的熏陶感染，促进儿童和谐发展，使他们提高思想道德修养和审美情趣，逐步形成良好的个性和健全的人格。""语文课程又是实践性课程"，"应该让儿童多读多写，日积月累，在大量的语文实践中体会、把握运用语文的规律"。"语文学习应注重听说读写的相互联系，注重语文与生活的结合，注重知识与能力、过程与方法、情感态度与价值观的整体发展。"

"语文课程的建设应继承我国语文教育的优良传统，注重读书、积累和感悟，注重整体把握和熏陶感染；同时应密切关注现代社会发展的需要，拓宽语文学习和运用的领域，注重跨学科的学习和现代科技手段的运用，使儿童在不同内容和方法的相互交叉、渗透和整合中开阔视野，提高学习效率，初步养成现代社会所需要的语文素养。"[①]

我们认为，语文课程的核心价值是学习并运用祖国语言文字，让儿童在生活和学习中进行有效的交流沟通，并帮助儿童体察自我，用纯真无瑕的眼睛去观察生活，感受生活的真谛，涵养淳朴美好的性情与醇正美好人格，拥有寻觅美好的力量。

---

① 中华人民共和国教育部. 义务教育语文课程标准(2011 年版)[S]. 北京：北京师范大学出版社，2012：2—4.

二、 学科课程理念

《义务教育语文课程标准（2011 年版）》中明确提出："语文课程应该是开放而富有创新活力的，要尽可能满足不同地区、不同学校、不同儿童的需求，确立适应时代需要的课程目标，开发与之相适应的课程资源，形成相对稳定而又灵活的实施机制，不断地自我调节、更新发展。"①结合课程标准的要求与我校地域文化和语文课程现状，我们提出了切合我校特色的语文课程理念——"醇美语文"。

所谓"醇美"，即纯粹完美，质厚味美，纯朴美好。《尚书大传》卷五："磬者，考也，成也。言其考明法度，醇美磬然，若酒之芬香也。"《晋书·阮种传》："播醇美之化，杜邪枉之路。"清·袁枚《随园诗话补遗》卷十："余过吴江黎里，爱其风俗醇美。"所谓"醇美语文"，就是醇正美好、深仁厚泽的语文，是以祖国语言文字为根，直抵每个生命心灵深处，涵养纯朴而美好人格的语文，是赋予儿童寻觅美的力量与智慧的语文。

（一）"醇美语文"是实践的语文

"醇美语文"是实践的语文。《义务教育语文课程标准（2011 年版）》中明确提出"语文课程是实践性课程，应着重培养儿童的语文实践能力，而培养这种能力的主要途径也应是语文实践"②。"醇美语文"注重听说读写的实践训练，力求在多听多说多读多写中日积月累，并注重把语文教学和语文学习与儿童的社会生活结合起来，在大量的语文实践中体会、把握运用语言文字的规律，发展儿童的语言智能，促进语言思维表达的准确、清晰、严密，培养儿童在社会生活中的交际能力。

---

① 中华人民共和国教育部. 义务教育语文课程标准（2011 年版）[S]. 北京：北京师范大学出版社，2012：
2—4.

② 中华人民共和国教育部. 义务教育语文课程标准（2011 年版）[S]. 北京：北京师范大学出版社，2012：
3.

（二）"醇美语文"是唯美的语文

"醇美语文"是唯美的语文。"醇美语文"是"淑气催黄鸟，晴光转绿蘋"的春意袅袅；是"绿树阴浓夏日长，楼台倒影入池塘"的绿影重重；是"落霞与孤鹜齐飞，秋水共长天一色"的绚丽高远；是"孤舟蓑笠翁，独钓寒江雪"的清冷静谧。在语文的世界里，儿童可以遨游在汉字王国里，感受文字之美；可以浸润在古今中外经典名著里，感受文本之美；可以沉浸在中国古典诗词文赋中，感受境界之美。语言之意趣智慧，文字之韵味深长，文本之广博深邃，境界之诗意唯美，皆令儿童流连。

（三）"醇美语文"是醇正的语文

"醇美语文"是醇正的语文，宛若陈年老酒，香味醇正，品质厚重，回味悠长。语文之醇正厚重，在于其所承载的文化内涵之丰富、人生百态之多彩、情感思想之深邃、语言文字之精深；在于我们基于以上语文特点所构建的语文课堂的语文味之纯正，教师要能引导儿童从语言文字入手，从品味语言达到运用语言，培养语文核心素养，最终积淀文化，并在此过程中促进儿童涵养纯朴而富有诗意的性情。

（四）"醇美语文"是儿童的语文

"醇美语文"归根结底是儿童的语文。儿童本是一个在思想上、精神上、人格上独立的人。儿童是天生的学习者，是天生的幻想家，是天生的诗人。王崧舟老师在其《诗意语文的主体：儿童的语文》一文中说："儿童自有儿童的感动，儿童自有儿童的诠释，儿童自有儿童的情怀，儿童自有儿童的梦想。语文的主人是儿童，儿童的语文世界必须得到尊重。""醇美语文"是教师努力成为像于永正老师那样的"被派往儿童世界的使者"，让儿童喜欢，让儿童接受，同时也接受儿童的考验。"醇美语文"引领儿童和师者都去寻觅美，并赋予他们寻找美的智慧与力量。

教育的最终目的就是育人，语文课就是凭借语言文字哺育儿童精神。"醇美语文"课程中，儿童在学习之际徜徉于语言文字中，浸润在语言文字中，在思考、感悟和表达过程中逐渐形成自己的世界观、人生观与价值观。我们认为，只有构建高品质的儿童语文生活，才能促进语文素养的提升，才能让每一位儿童都拥有寻觅美的智慧与力量。

第二节　让语文绘就儿童醇美底色

《义务教育语文课程标准（2011年版）》指出："语文课程致力于培养学生的语言文字运用能力，提升学生的综合素养，为学好其他课程打下基础；为学生形成正确的世界观、人生观、价值观，形成良好个性和健全人格打下基础；为学生的全面发展和终身发展打下基础。语文课程对继承和弘扬中华民族优秀文化传统和革命传统，增强民族文化认同感，增强民族凝聚力和创造力，具有不可替代的优势。"[①]

基于这样的认识，我校"醇美语文"课程体系力求构建高品质的儿童语文生活，让儿童浸润在醇正唯美的语文学习中，绘上醇正美好的人生底色，为儿童的全面发展和终身发展打下坚实的基础。为此，特制定以下目标：

一、学科课程总体目标

在语文学习过程中，让儿童认识中华文化的丰厚博大，汲取民族文化智慧，吸收人类优秀传统文化的营养；具有独立阅读的能力，学会初步鉴赏文学作品，丰富自己的精神世界；具有日常口语交际的基本能力，学会倾听、表达与交流；能根据需要，运用常见的表达方式写作，发展书面语言运用能力；初步具备搜集和处理信息的能力，积极尝试运用新技术和多种媒体学习语文；提高文化品位，发展思维能力，学习科学的思想方

---

① 中华人民共和国教育部. 义务教育语文课程标准（2011年版）[S]. 北京：北京师范大学出版社，2012：1.

法；培养爱国主义、集体主义、社会主义思想道德和健康的审美情趣；逐步形成积极的人生态度和正确的世界观、人生观、价值观。①

二、 学科课程年级目标

基于儿童的年龄特征与认知规律，我校"醇美语文"以《义务教育语文课程标准（2011年版）》为依据，以统编版语文教材为基础，把握各年级之间的目标关联性与连续性，根据各年级语文学科学习内容，梳理、确定我校"醇美语文"课程年级目标，现以三年级为例来说明。（见表1-2-1）

表1-2-1 广州市黄埔区深井小学"醇美语文"课程三年级目标表

学期	单元	单元目标
上学期	第一单元	共同要求： 1. 认识25个生字，读准3个多音字，会写29个词语。 2. 正确、流利地朗读课文，能边读边想象，背诵指定内容。 3. 能初步了解略读课文的基本学习要求，了解课文的主要内容，说出自己的看法。 4. 能关注有新鲜感的词句并与同学交流，借鉴地表达仿说或仿写。 5. 能选择自己暑假生活中的新鲜事，把经历讲清楚。 6. 能选择别人可能感兴趣的内容讲述，讲时能借助图片或实物。 7. 能选择一两点印象深刻的特点，写几句话介绍自己的同学。 8. 能注意写一段话时开头空两格。 9. 能交流在课内外阅读中遇到的有新鲜感的词句，知道要主动积累这样的词句。 10. 能说出"摇头晃脑""面红耳赤"等成语的特点。 11. 能根据语义表达的需要，读出恰当的重音。 12. 能根据兴趣小组的特点，使用有个性的词语为其取名字。 校本要求： 1. 快乐诵读法：歌诀体节奏诵读、现代乐感吟唱。 2. 学习《席殊汉字正字法》校本教材，练习硬笔字；学习《颜真卿楷书教程》，练习毛笔字。

① 中华人民共和国教育部.义务教育语文课程标准(2011年版)[S].北京：北京师范大学出版社,2012：6—7.

学期	单元	单元目标
	第二单元	共同要求： 1. 认识 35 个生字，读准 1 个多音字，会写 27 个词语。 2. 能用钢笔书写"狂""排"等 8 个字，注意做到横平竖直，把字写规范、端正、整洁。 3. 能借助注释理解诗句的意思；背诵、默写指定古诗。 4. 能有感情地朗读课文，背诵指定的课文段落，抄写自己喜欢的句子。 5. 能留心观察生活，仿照课文或"阅读链接"，写出自己看到的景色。 6. 能运用多种方法理解难懂的词语，总结理解难懂词语的方法，了解课文的主要内容。 7. 能借助例文并结合生活经验，了解写日记的好处、日记可写的内容及日记的基本格式；能用日记记录自己的生活。 校本要求： 1. 快乐诵读法：歌诀体节奏诵读、现代乐感吟唱。 2. 学习《席殊汉字正字法》校本教材，练习硬笔字；学习《颜真卿楷书教程》，练习毛笔字。
	第三单元	共同要求： 1. 认识 4 个生字，读准 9 个多音字，会写 34 个词语。 2. 能运用减一减的方法认识生字。 3. 能了解 3 组带口字旁的字不同的字义特点。 4. 朗读课文，了解故事的主要内容；能对文中的人物作出简单的评价。 5. 能展开想象，体会人物心情的变化；分角色朗读课文，能读出相应的语气。 6. 能结合自己的阅读体验，梳理、总结童话的特点及阅读童话的好处。 7. 能产生阅读《安徒生童话》《稻草人》《格林童话》的兴趣，自主阅读 3 本童话，了解故事内容。 8. 能边读边想象，感受童话的奇妙；能把自己融入故事中，设身处地、感同身受地阅读童话。 9. 能感受课外阅读的快乐，乐于与大家分享课外阅读的成果。 10. 能借助词句，试着讲讲故事。 11. 能针对问题，说出自己的感受或想法。 12. 能按照顺序说话，把主要意思说清楚。 13. 继续培养专心听、静心听的好习惯，在听的过程中，记住主要信息。 14. 能借助教材提示的内容，发挥想象，编写童话故事。 15. 能尝试运用改正、增补、删除的修改符号自主修改习作，初步形成修改习作的意识；能给习作加题目。 校本要求： 1. 快乐诵读法：歌诀体节奏诵读、现代乐感吟唱。 2. 学习《席殊汉字正字法》校本教材，练习硬笔字；学习《颜真卿楷书教程》，练习毛笔字。

续表

学期	单元	单元目标
	第四单元	共同要求： 1. 认识 30 个生字，读准 5 个多音字，会写 13 个词语。 2. 能结合语境读准"假""几"等多音字的读音。 3. 能说出"百发百中""四面八方"等成语构词的特点并说出其他类似的成语。 4. 能一边阅读一边预测，知道预测有不同的角度，预测的内容跟实际内容可能一样，也可能不一样，初步感受预测的好处和乐趣。 5. 能将自己的预测与实际内容进行比较，修正自己的想法。 6. 能预测故事的发展和结局。 7. 朗读、背诵与团结合作有关的俗语。 8. 能了解自己或他人名字的含义或来历，把了解到的信息讲清楚。 9. 听别人讲话的时候，能有礼貌地回应。 10. 能根据插图和提示续写故事，把故事写完整。 校本要求： 1. 快乐诵读法：歌诀体节奏诵读、现代乐感吟唱。 2. 学习《席殊汉字正字法》校本教材，练习硬笔字；学习《颜真卿楷书教程》，练习毛笔字。
	第五单元	共同要求： 1. 认识 10 个生字，读准 1 个多音字，会写 26 个词语。 2. 感受作者观察的细致，留心体会作者观察的好处。 3. 能和同学交流自己观察到的动物、植物或场景及其变化情况。 4. 能了解作者是怎样观察的，进一步体会作者观察的细致，梳理总结作者留心观察的好处。 5. 初步了解可以调动多种感官进行观察。 6. 能仔细观察一种动物、植物或一处场景，将观察所得写下来；与同伴分享自己的观察感受。 校本要求： 1. 快乐诵读法：歌诀体节奏诵读、现代乐感吟唱。 2. 学习《席殊汉字正字法》校本教材，练习硬笔字；学习《颜真卿楷书教程》，练习毛笔字。
	第六单元	共同要求： 1. 认识 42 个生字，读准 6 个多音字，会写 46 个词语。 2. 能说出"蝌""蚪"等字声旁表音、形旁表义的特点。 3. 能结合注释，想象古诗中描绘的景色，用自己的话说出诗句的意思；背诵默写指定古诗。 4. 能用自己的话介绍文中的景物或场景。 5. 摘抄课文中写得好的句子，并与同学交流阅读体会。 6. 能借助关键语句理解一段话的意思。

学期	单元	单元目标
		7. 观察图画，了解每幅图的意思，能按顺序讲清楚图意，知道别人讲的是哪幅图的内容。 8. 能仔细观察一处景物，围绕一个意思用一段话写下来，并能主动运用平时积累的描写景物的词语。 9. 能自己改正错别字，并乐于和同伴分享观察到的美景。 校本要求： 1. 快乐诵读法：歌诀体节奏诵读、现代乐感吟唱。 2. 学习《席殊汉字正字法》校本教材，练习硬笔字；学习《颜真卿楷书教程》，练习毛笔字。
	第七单元	共同要求： 1. 认识 22 个生字，读准 2 个多音字，会写 49 个词语。 2. 能了解"撇"和"捺"要舒展的书写要点，写好"父""及"等 8 个带有"撇""捺"笔画的字。 3. 正确、流利地朗读课文，背诵指定文段。 4. 借助图表理解课文的大致内容。 5. 能围绕一句话复述"刺猬偷枣"的过程；能围绕一种听到过的声音写几句话。 6. 默读课文，能说出"我真高兴，父亲不是猎人"这句话的含义，辨析对文中人物的判断。 7. 能体会课文生动的语言，摘抄自己喜欢的句子。 8. 能梳理总结摘抄的基本方法，形成主动积累语言、主动摘抄的意识。 9. 能感受"得"的用法并仿写句子。 10. 能在小组中简单讲述身边的令人感到温暖或不文明的行为，并清楚表达自己的看法。 11. 能汇总小组意见，汇总意见时能尽量反映每个人的想法。 12. 能清楚写下生活中的某种现象及自己对此的想法，能主动用书面的方式与别人交流想法。 校本要求： 1. 快乐诵读法：歌诀体节奏诵读、现代乐感吟唱。 2. 学习《席殊汉字正字法》校本教材，练习硬笔字；学习《颜真卿楷书教程》，练习毛笔字。
	第八单元	共同要求： 1. 认识 42 个生字，读准 4 个多音字，会写 28 个词语。 2. 能根据形声字的特点认识"眨、瞪"等 5 个生字，大致理解和"目"有关的词语的意思。 3. 正确、流利地朗读课文，背诵《司马光》。 4. 能借助注释理解《司马光》课文大意，并用自己的话讲故事，初步感受文言文的特点，简单说出文言文与现代文的区别。 5. 能尝试通过人物的动作、语言等揣摩人物的心理活动。能转换人称复述故事片段。

学期	单元	单元目标
		6. 能带着问题默读课文，理解课文内容，体会人物心情的变化。 7. 朗读、背诵关于如何待人的名言，大致了解名言蕴含的道理。 8. 能就自己不好解决的问题有礼貌地向别人请教，不清楚的地方能及时追问。 9. 能简单地写一次玩的过程，表达出当时快乐的心情，正确使用标点符号。 10. 能和同学交流习作，修改同学看不明白的地方。 校本要求： 1. 快乐诵读法：歌诀体节奏诵读、现代乐感吟唱。 2. 学习《席殊汉字正字法》校本教材，练习硬笔字；学习《颜真卿楷书教程》，练习毛笔字。
下学期	第一单元	共同要求： 1. 认识 28 个生字，读准 4 个多音字，会写 34 个词语。 2. 能运用偏旁归类的识字方法认识生字；识记"救援""投掷"等 9 个词语。 3. 能正确、流利、有感情地朗读课文；背诵默写指定内容。 4. 能试着一边读一边想象画面。 5. 能积累体会优美生动的语句并摘抄。 6. 能辨析近义词，在具体语境中正确选择运用。 7. 能用恰当的语气与别人交流。 8. 能根据语境补充合适的词语，仿照例句说出自己在春天里的发现和感受；能根据提问读出句子的重音。 9. 观察一种植物，做简单的记录卡；能借助记录卡，写清楚植物的样子、颜色等，并写出自己的感受。 校本要求： 1. 快乐诵读法：歌诀体节奏诵读、现代乐感吟唱。 2. 学习《席殊汉字正字法》校本教材，练习硬笔字；学习《颜真卿楷书教程》，练习毛笔字。
	第二单元	共同要求： 1. 认识 27 个生字，读准 4 个多音字，会写 32 个词语。 2. 知道横画或竖画较多的字的书写要点，写好"艳""静"等 8 个字。 3. 能正确、流利、有感情地朗读课文；背诵指定内容。 4. 能结合相关语句，体会人物不同的性格特点；读懂故事，明白道理。 5. 能借助注释读懂文言文。 6. 能结合自己的阅读体验，梳理、总结对寓言的体会和认识。 7. 能发现"源源不断""无忧无虑"等词语的特点并能写出相同结构的词语。 8. 能仿照例句写出带有动作、神态描写的提示语。 9. 积累"邯郸学步"等来源于寓言故事的成语。 10. 能产生阅读《中国古代寓言》《伊索寓言》《克雷洛夫寓言》的兴趣，自主阅读这 3 本寓言作品，了解故事内容。 11. 能体会故事中的道理，联系生活中的人和事加深理解。

学期	单元	单元目标
		12. 积极参与讨论，能表明自己的观点，并说清楚理由。 13. 能一边听一边思考，想想别人讲的是否有道理，尊重不同的想法。 14. 能按一定的顺序观察图画，展开想象；能把自己看到的、想到的写清楚。 15. 能与同学分享习作，并能根据同学的意见修改习作。 校本要求： 1. 快乐诵读法：歌诀体节奏诵读、现代乐感吟唱。 2. 学习《席殊汉字正字法》校本教材，练习硬笔字；学习《颜真卿楷书教程》，练习毛笔字。
	第三单元	共同要求： 1. 认识 36 个生字，读准 7 个多音字，会写 50 个词语。 2. 能分享在日常生活中自主识字的途径及成果。 3. 能背诵、默写指定的古诗；抄写指定的课文段落。 4. 能根据要求提取段落中的重要信息，并对有关的现象或成因作出解释。 5. 了解课文相关段落是怎样围绕一个意思写清楚的。 6. 了解、积累"文房四宝"等有关中华优秀传统文化的四字词语。 7. 能用不同方式收集介绍我国传统节日的资料，并记录这些节日的相关风俗。 8. 能就自己感兴趣的一个传统节日写一篇习作，写清楚过节的过程。 9. 以适当的方式展示综合性学习的成果；能对其他小组的展示活动作出评价，提出改进建议。 校本要求： 1. 快乐诵读法：歌诀体节奏诵读、现代乐感吟唱。 2. 学习《席殊汉字正字法》校本教材，练习硬笔字；学习《颜真卿楷书教程》，练习毛笔字。
	第四单元	共同要求： 1. 认识本单元 26 个生字，会写 45 个词语。 2. 正确、流利地朗读课文，能背诵指定内容。 3. 知道能借助关键语句或关键语句的提示概括一段话的大意，把握关键语句的不同位置；读懂课文，感受观察和发现带来的乐趣。 4. 能体会并积累课文中生动、准确的词句，能就课文的表达仿写句子。 5. 学习"对调"和"移动"两种修改符号，并会运用。 6. 能借助图表记录自己做过的一项小实验，能按顺序将实验过程写清楚。 7. 能根据要求与同学互评习作，并尝试用修改符号修改自己的习作。 校本要求： 1. 快乐诵读法：歌诀体节奏诵读、现代乐感吟唱。 2. 学习《席殊汉字正字法》校本教材，练习硬笔字；学习《颜真卿楷书教程》，练习毛笔字。
		共同要求： 1. 认识 16 个生字，会写 32 个词语。

续表

学期	单元	单元目标
	第五单元	2. 能梳理和回顾课文中的想象故事,感受作者大胆和神奇的想象;交流对大胆想象的体会,感受大胆想象的乐趣。 3. 能和同学交流自己想象到的内容;能画出想象中的事物,能根据故事开头接龙编写故事。 4. 大胆想象,写一个想象故事;能欣赏同伴习作并提出修改建议。 校本要求: 1. 快乐诵读法:歌诀体节奏诵读、现代乐感吟唱。 2. 学习《席殊汉字正字法》校本教材,练习硬笔字;学习《颜真卿楷书教程》,练习毛笔字。
	第六单元	共同要求: 1. 认识 29 个生字,读准 1 个多音字,会写 43 个词语。 2. 朗读课文;背诵《溪边》。 3. 默读课文;能运用多种方法理解难懂的句子;能理解课文的主要内容。 4. 能体会文章丰富的想象,说出肥皂泡还有哪些美丽的去处。 5. 能说出课文以"剃头大师"作为题目的好处。 6. 能结合自己的阅读体验,总结理解难懂的句子的方法。 7. 学习一组与海岛、港口有关的词语,并能根据词语想象画面。 8. 认识汉语一词多义的语言现象。 9. 朗读和背诵 4 句关于"改过"的名言。 10. 写一个人,尝试写出特点;给习作取一个表现人物特点的题目。 校本要求: 1. 快乐诵读法:歌诀体节奏诵读、现代乐感吟唱。 2. 学习《席殊汉字正字法》校本教材,练习硬笔字;学习《颜真卿楷书教程》,练习毛笔字。
	第七单元	共同要求: 1. 认识 24 个生字,读准 2 个多音字,会写 49 个词语。 2. 能正确书写笔画较少和笔画较多的字,把字写规范、写匀称。 3. 有感情地朗读课文;背诵指定内容。 4. 了解课文是从哪几个方面把事物写清楚的,理解课文的主要内容,感受大自然的奇妙。 5. 知道怎么围绕一个意思把一段话写清楚。 6. 能体会课文语言表达的好处,能借鉴课文的表达仿写句子。 7. 围绕如何在习作中用上平时积累的语言展开交流,增强运用平时积累的语言的意识。 8. 熟读并记诵 4 个成语,知道它们的意思。 9. 能根据具体情境选择恰当的方式,尝试劝告别人;能采用合适的语气,从别人的角度着想劝告别人。 10. 能查找资料,整合信息,围绕提示的问题写一写寻物启事。

学期	单元	单元目标
		11. 通过自评和互评，能用修改符号修改不准确的内容并补充新的内容。 校本要求： 1. 快乐诵读法：歌诀体节奏诵读、现代乐感吟唱。 2. 学习《席殊汉字正字法》校本教材，练习硬笔字；学习《颜真卿楷书教程》，练习毛笔字。
	第 八 单 元	共同要求： 1. 认识 32 个生字，读准 5 个多音字，会写 26 个词语。 2. 读准多音字"吐"，能说出带有口字旁和言字旁的形声字的特点。 3. 分角色朗读课文，能读出故事中人物对话的语气，体会人物特点。 4. 默读课文，交流自己觉得最有意思的内容，体会故事的有趣。 5. 能借助提示，按顺序复述故事，不遗漏重要情节；能总结复述故事的方法。 6. 正确朗读句子，体会拟声词的作用，能照样子写句子。 7. 能模仿例子说几个题目，能用自己的话转述别人说的话。 8. 背诵《大林寺桃花》。 9. 能自然、大方地把故事讲给别人听，并能用合适的方法，把故事讲得吸引人。 10. 认真听别人讲故事，能记住主要内容。 11. 能选择一种动物作为主角，大胆想象它的特征变化带来的生活变化，编写一个童话故事。 12. 能用学过的修改符号修改自己的习作。 校本要求： 1. 快乐诵读法：歌诀体节奏诵读、现代乐感吟唱。 2. 学习《席殊汉字正字法》校本教材，练习硬笔字；学习《颜真卿楷书教程》，练习毛笔字。

我校将秉承"醇美语文"的理念，力求让儿童浸润在醇正美好的语文学习环境中，绘就儿童醇正美好的人生底色，为儿童全面发展和终身发展打下坚实的基础，使每一位儿童都拥有追寻美的力量与智慧。

第三节　以广袤美好的视角构建语文

为实施"醇美语文"课程体系，我校基于对"语文课程致力于培养学生的语言文字运用能力,提升学生的综合素养,为学好其他课程打下基础"这一学科理念的认识,致力于落实好国家课程标准的同时,以广袤而美好的教育视角,扎根深井古村文化,积极探索、开发多种拓展性课程,突出课程的广延性、层次性和实践性,实现语文学科和学校特色课程内容的有效延伸,以适应儿童的个体化发展要求。

一、学科课程结构

《义务教育语文课程标准(2011 年版)》指出:"语文课程要体现语文课程目标的整体性和综合性,全面考察儿童的语文素养;应注意识字与写字、阅读、写作、口语交际和综合性学习五个方面的有机联系。"我校"醇美语文"课程体系设置了"醇美识写""醇美阅读""醇美写作""醇美交际"和"醇美探究"五部分内容(见图 1-3-1),力求让儿童在语文学习中感悟语言之美、生活之美以及人性之美。

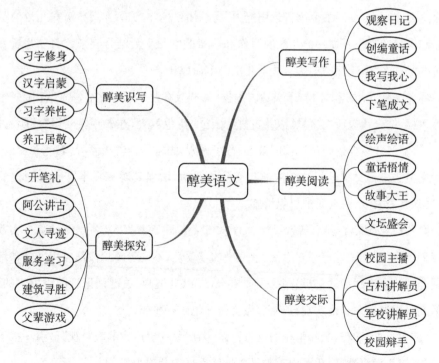

图 1-3-1　广州市黄埔区深井小学"醇美语文"课程结构图

"醇美语文"课程体系具体表述如下：

醇美识写：夯实基础，修身雅正。它是落实小学各年级识字、写字任务的内容。识字和写字是语文学习最重要的学习内容之一。《义务教育语文课程标准（2011年版）》指出："识字与写字是'第一学段的教学重点，也是贯穿整个义务教育阶段的重要教学内容'。""醇美识写"重在激发儿童识字写字的兴趣，了解汉字的历史，引导儿童正确地运用汉字、规范地书写汉字，体会汉字的博大精深，从而热爱祖国的语言文字。

醇美阅读：积累沉淀，宁静致远。它是落实以引导儿童利用语言文字获取信息、积累言语、增长见闻、认识世界为主题的活动。在低、中、高年段开设"绘声绘语""寓言悟性""文坛盛会"等子课程，提供丰富的文本使儿童理解、领悟文字带给心灵的触动。在阅读大量文本的同时掌握多种阅读的方法和技巧，为儿童的终身发展助力。

醇美写作：乐于表达，下笔有神。《义务教育语文课程标准（2011年版）》指出："写作"以"能具体明确、文从字顺地表达自己的见闻、体验和想法，能根据需要，运用常见的表达方式写作，发展书面语言运用能力"为总体目标，醇美写作旨在培养儿童的写作兴趣和正确的写作习惯并把儿童的写作和儿童的学习生活结合起来。引导儿童表达自身的"见闻""体验"和"想法"，尊重儿童的生命成长。

醇美交际：大方得体，善于表达。根据《义务教育语文课程标准（2011年版）》中的总体目标，结合我校所在区域"深井古村"文化的特色教育，在各年段开设"校园主播""古村讲解员""军校讲解员""校园辩手"等子课程，力求培养善于倾听、表达和交流、熟练运用口头语言文字进行社会沟通与交际的儿童，增强其对家乡丰富人文历史的感受，增强其爱家乡、爱人民的思想情感。

醇美探究：综合运用，睿智灵性。通过"最高品质课程"以及各年级的综合实践活动课程，让孩子知道好习惯在生活、学习中的重要性；不同年龄阶段都应积极主动地参与适当的社会实践活动；以最高品质要求自己，以日记画、关键词记录即时发生的事；将最高品质课程内容落实在行动上，做文明守纪的好少年。

"醇美语文"课程，紧扣学校的地方资源，拓展新的更广袤的教育视野，引领孩子乐学语文，成为醇真性情、乐观向上和具备良好人格的并养少年。

二、学科课程设置

我们遵循语文教育教学和儿童认识发展及成长规律,稳步推进并逐步完善"醇美语文"课程设置,让学习水到渠成地体现真实、自然。"醇美语文"课程设置不仅让儿童感悟、积累、运用语言,更重要的是用一种美好而广袤的视野构建语文,培养儿童优良的语文素养。在完成十二册统编语文教材的学习之外,我校根据学生学习需求,开发了丰富多彩的拓展课程。深井小学"醇美语文"课程群课程设置如下:(见表1-3-1)

表1-3-1　广州市黄埔区深井小学"醇美语文"课程设置表

年级＼课程类别		醇美识写		醇美阅读		醇美写作	醇美交际	醇美探究
一年级	上册	汉字启蒙	汉字思维	绘声绘语	《弟子规》《三字经》《日有所诵》	看图说话	自我介绍	环保小卫士	开笔礼、吟诵深井童谣
	下册				《百家姓》《千字文》	看图写话	礼貌用语	寻找春天	认识节庆
二年级	上册	习字习德		故事大王	《声律启蒙》	绘本创编	家乡植物		阿公讲古
	下册				《唐宋诗词》	绘本创编	推荐动画片		父辈游戏
三年级	上册	习字养性		童话悟情	《大学》《唐宋诗词》	观察日记	身边小事		家乡特产
	下册			寓言悟性		创编童话	校园主播		认识街巷
四年级	上册	习字习德		科幻小说		科幻创想	古村讲解员		文人寻迹
	下册					游览记述	军校讲解员		建筑寻胜

续表

年级	课程类别	醇美识写	醇美阅读	醇美写作	醇美交际	醇美探究	
五年级	上册	习字修身	《三国演义》动物小说	读书感悟	古村小导游	服务学习	古今名人
	下册		《西游记》《水浒传》	我写我心	校园辩手		阅读著作
六年级	上册	养正居敬	阅世界名著	诗歌创作	金牌小导游	服务学习	讲读深井
	下册		文坛盛会	下笔成文	校园辩手		吟诵深井

三、学科课程内容

"醇美语文"把儿童喜欢的唱唱、画画、演演、说说等活动融入课堂，充分调动儿童的各种感官，激发他们的学习兴趣，使他们在轻松、和谐、愉快的环境中，积极主动地参与到语言文字训练活动中来。相对其他学科教学，小学语文教学更具形象性、情境性、情趣性。教师营造良好的课堂氛围，让儿童深受美的感染。"醇美语文"课程实施的总体指导思想是：将"醇美识写""醇美阅读""醇美写作""醇美交际""醇美探究"贯穿在低、中、高年段的语文学习中，现以"醇美阅读"为例来说明。（见表1-3-2）

表1-3-2 "醇美阅读·经典诵读"课程表

课程名称	年级	学期	课程内容与目标	
醇美阅读	经典诵读	四年级	上册	能背诵经典诗文，积累中国语言，为古诗文学习奠定文言文基础	学习歌诀体诵读法——诗文背诵：《论语》《大学》《孟子》《唐诗宋词》经典篇目，《小学生必背古诗词160首》前1—30首
			下册	加深对中国古典文化的了解，提高中国传统文化素养	诗文背诵：《论语》《大学》《孟子》《唐诗宋词》经典篇目，《小学生必背古诗词160首》31—60首；了解诗文的大概意思

续表

课程名称	年级	学期	课程内容与目标	
	五年级	上册	能背诵经典诗文,进一步积累中国语言,为古诗文学习奠定文言文基础	诗文背诵:《论语》《大学》《孟子》《唐诗宋词》经典篇目,《小学生必背古诗词160首》61—90首
		下册	加深对中国古典文化的了解,提高中国传统文化素养	诗文背诵:《论语》《大学》《孟子》《唐诗宋词》经典篇目,《小学生必背古诗词160首》91—120首;了解诗文的大概意思
	六年级	上册	能背诵经典诗文,更进一步积累中国语言,为古诗文学习奠定文言文基础	诗文背诵:《论语》《大学》《孟子》《唐诗宋词》经典篇目,《小学生必背古诗词160首》121—150首
		下册	加深对中国古典文化的了解,提高中国传统文化素养	诗文背诵:《论语》《大学》《孟子》《唐诗宋词》经典篇目,《小学生必背古诗词160首》全部熟练背诵;了解诗文的大概意思

　　"醇美语文"的课程设置以《义务教育语文课程标准(2011年版)》为依据,依据国家基础课程,结合儿童身心发展的规律和特点,致力于加强课程与时代、生活的紧密联系,提高儿童思想文化的修养,促进其德、智、体、美、劳协调、健康发展,以美好而广袤的视角构建语文。

第四节　用充沛而恒久的活力践行语文

　　语文是促进儿童全面发展和终身发展的核心课程。语文素养是一种内化于心的技巧和能力。"醇美语文""教"的是智慧,"育"的是文化,"学"的是方法,"习"的是经历。从落实"醇美课堂"、打造"醇美课程"、丰富"醇美节日"、开启"醇美之旅"和繁荣"醇美社团"这五方面入手,在务实求"醇"中引导儿童以充沛而恒久的活力践行语文。

一、落实"醇美课堂"，打牢语文学习基础

"醇美课堂"是赋予儿童寻觅美的力量的学习过程,致力于培养儿童的语言文字运用能力,提升儿童的综合素养,为学好其他课程打下基础,为儿童形成正确的世界观、人生观、价值观、良好个性和健全人格打下基础。

(一)"醇美课堂"的实践操作

"醇美课堂"根据儿童年龄特点及年段要求,通过读书、写作、口语交际、搜集处理信息等语文实践以及专题学习的方式,使儿童在多种实践过程中获得真知,形成独特的见解,不断提升自身的综合能力。

低年段借助多彩的画面、动听的音乐和有趣的游戏等方式,结合教师亲切的语言,引导学生初步感受汉字的形体美,激发学生阅读的乐趣,养成独立识字和良好的写字习惯,对写话有兴趣,积极参加讨论,敢于发表自己的意见。

中年段采用自主、合作、探究的学习方式,让儿童初步学会默读、把握文章的主要内容,体会文章表达的思想感情,乐于书面表达,增强习作的自信心;能清楚明白地讲述见闻,说出自己的感受和想法;讲述故事力求具体生动,尝试运用语文知识和能力解决简单问题。

高年段通过读书、写作、口语交际、大量课外阅读、搜集处理信息等方式,反复训练儿童的各项语文基本技能;培养较强的独立识字能力,初步领悟文章的基本表达方法;在交流和讨论中,儿童敢于提出看法,作出自己的判断;懂得写作是为了自我表达和与人交流,注意语言美,抵制不文明的语言;初步了解查找资料、运用资料的基本方法。[1]

---

[1] 中华人民共和国教育部. 义务教育语文课程标准(2011 年版)[S]. 北京：北京师范大学出版社,2012：7—14.

（二）"醇美课堂"的评价标准

"醇美课堂"，"醇"是以儿童的认知水平为基础，遵循语言发展的客观规律；"美"是在儿童的真实自主合作探究中，自然流露与作者美好情感的交流。"醇美课堂"评价细则如下：（见表1-4-1）

表1-4-1　广州市黄埔区深井小学"醇美课堂"评价细目表

评价指标	评价内容	评价意见
教学目标 （4、3、2、1）	1. 明确、具体、可操作，符合课程标准及学情。	
	2. 关注每一位儿童，较好体现差异发展，教师走动线路、目标达成度高。	
教学过程、效果及教学理念的呈现（12、10、8、6）	1. 课前组织好，学科特色凸显（保证语数英课前学科展示）；能培养儿童预习的习惯，找准教学的起点（切入点），创造性使用教材，把握重点，分散难点。	
	2. 教学环节流畅、紧凑，根据课型特点，有一定训练时间和训练量，能进行适当的拓展延伸，提倡布置适量的多元化的作业，使不同层次的儿童都有发展。	
	3. 重视培养儿童阅读能力、自学能力和良好的行为习惯、学习习惯，注重学法指导。语文课保证一定的自学时间（不少于六分钟）。	
	4. 以生为本，较好地发挥小组合作学习的功能，培养儿童创新意识、自主意识、交往意识、合作意识等，促进儿童自主发展（对学、互学、轮盘学）。	
	5. 重视儿童获取知识的过程，体现思维过程；能鼓励儿童质疑问难，围绕关键词提问。	
	6. 重视反馈，能把握最佳教学时机及时调整教学过程；教学形式、手段恰当，注重实效，时间分配合理。	
教师表现（4、3、2、1）	1. 善于创设一个轻松愉快民主亲和的课堂气氛，儿童有效参与程度高（儿童发言人次）。	
	2. 合理使用教学媒体，妥善保护教学设备（电子白板使用得当，优质课的必备条件，特殊情况除外）。	
	3. 板书尽量让儿童完成，书写规范，布局合理，调控有效，学风良好。	
	4. 课桌学具摆放整齐，地面洁净，儿童发言大方，讨论声量适中。	
综合评价	17—20分为优；14—16.9分为良；11—13.9分为合格；11分以下为不及格。	得分

二、 开发"醇美课程"，彰显语文生命力

"醇美语文"课程的丰富性是课程群发展的基础，课程群的质量取决于课程的精致性。"醇美语文"以"1＋X"的模式建设，它是在基础课程之上，根据学校地域特性和社会资源创造性研发多个拓展课程。"醇美语文"课程内容，具有丰富的人文性，结合地域文化，形成浓厚的校本文化；语文课程具有充沛的活力；具有敏锐的时代性，创造性开拓特色文化；语文课程具有恒久的活力。儿童在祖国丰富的语言文字浸润中，在生动的人文情操熏陶中，在学习交流和思维碰撞中，体会语文学习的无穷乐趣，思想得到洗礼，精神境界得到升华，从而以充沛而恒久的活力去践行语文。

（一）"醇美课程"的实施路径

《义务教育语文课程标准(2011 年版)》认为："语文课程致力于培养儿童的语言文字运用能力，提升儿童的综合素养，为儿童的全面发展和终身发展打下基础。""醇美课程"努力做到：

聚焦素养。落实语文核心素养，使儿童具有最基本的、比较稳定的、适应时代发展要求的听、说、读、写能力以及在语文方面表现出来的文学、文章等学识修养和文风、情趣等人格修养。通过识字写字，阅读积累等储备深厚的语文基本功，从而拥有恒久的语文活力。

联系生活。根据儿童的年段特点，学习积累，选取适合孩子且孩子喜爱的、生动活泼的内容，让孩子在听、说、读、写、演中学习语文，运用语文，具有充沛的活力践行语文。

挖掘资源。挖掘学校蕴藏的丰富的校本资源、本土资源，实施"醇美课程"，如我校是席殊写字教材的实验学校，借助学校的席殊校本教材指导孩子习字修身，充分发挥我校是广州市智慧阅读实验校的优势，组织孩子进行有计划的全科阅读等，从而让孩子拥有自主阅读与探究的学习活力。

主体参与。孩子们在老师、家长的引领下,在各种激励性的评价手段促动下,自觉主动参与"醇美语文"的学习活动,并在活动中丰富语言文字的积累与体验。

(二)"醇美课程"的评价要求

"醇美课程"的实践和操作,优秀的课程要具备目标意识、统整引领;活动体验、高效实施;自主发展、体现魅力等特点,"醇美课程"的实践和操作就具备如下要求。

第一,"醇美课程"需要具有目标意识,能够将零散的语文学习材料进行统整。在统编教材的课程背景下,语文学习注重"人文主题"和"语文要素"的双线单元。"醇美课程"整合语文知识、了解语文体系,再创造性地开发主题学习内容,内容环环相扣,有利于促进儿童的个性发展、能力提升,为儿童热爱语言文字、培养良好的语文学习习惯以及语文知识的运用,打下坚实的基础。

第二,"醇美课程"重视活动体验,能够高效实施课程。"醇美课程"的开发重视儿童的生活体验,在实施中更加重视儿童的活动体验,在课程活动中适度拓宽语文学习和运用的领域,激发儿童学习语文的浓厚兴趣,让儿童在高效的课程活动中发展语文素养。

第三,"醇美课程"提倡自主发展,体现课程独特的魅力。课程的发展在实施过程中形成特色,教师在课程中及时反思与总结,提高课程品质,累积典型教学案例,加强课程教学研究等。"醇美课程"评价细目表如下:(见表1-4-2)

表1-4-2　"醇美课程"评价细目表

项目	评价内容	评价形式	评价等级(优良中下)
理念	能开发挖掘有意义的课程内容,满足儿童兴趣发展的需求,促进儿童互助共进交往,内容有可学性、迁移性等,并能及时修整。	看活动方案、学期活动小结等。	
设计	制定以活动为主要实施方法的课程目标,并根据课程纲要制定一份课程实施计划。	看活动记录中的课程目标。	

项目	评价内容	评价形式	评价等级 （优良中下）
实施	1. 能根据教学计划，精心准备，坚持因材施教，认真指导。 2. 课程实施能满足儿童的兴趣发展需求，重视发展儿童的个性特长，能开发出适合儿童特点和利于儿童发展的语文课程，重视培养儿童的实践能力和创造能力，受到儿童喜爱。	看活动记录、儿童问卷调查、随机访谈、儿童活动感受记录。	
评价	按照课程要求制定出个性化的儿童评价方案，组织好对儿童的发展评价，认真做好评价工作。	看评价方案、儿童成果展示	
反思	能够根据课程目标的设计、课程实施和课程评价中的各个环节进行思考，形成有效经验和建议，并积极完善课程。	个别访谈、查看反思	

"醇美课程"直指语文学科核心素养，致力于成为孩子人生中重要的痕迹和标识。它以儿童发展需求为出发点，逻辑严谨，相互呼应，环环相扣。课程的学习，可以激发孩子以充沛而恒久的活力去拥抱全科学习，奠定人生学习基石。

三、丰富"醇美节日"，发扬中国传统文化精神

"醇美节日"包括"醇美语文节"和"语文读书节"。我们将中华传统节日与"醇美语文"课程有机结合，打造并丰富"醇美语文节"，引导儿童关注中华传统节日与传统文化，热爱生活，增强生活仪式感，扩宽"醇美语文"的外延，丰富"醇美语文"的内涵。

语文课程应当是生动活泼的，富有生命力的，充盈着儿童自主的丰富的语文实践活动。"语文读书节"就是让儿童分享语文学习的快乐平台，培养儿童的自信心，发展儿童的非智力因素，尽情展示自己的语文素养，我们学校每年四月开展"语文读书节"活动，让儿童畅游在语文王国中。

（一）"醇美节日"的做法

中华民族节日蕴含着传统文化的智慧和结晶,凝聚着华夏人民的生命追求和情感寄托。"醇美节日"通过春节、清明节、端午节、中秋节等传统节日组织儿童、家长开展亲子活动,让儿童亲手制作简单的节日美食(煎堆、粽子、月饼等)、节日手工作品(灯笼,纸质龙舟等)。节日前夕,语文教师及时引导儿童以小组合作的方式查找整理相关节日资料,节日活动之后,及时引导儿童交流分享活动感受,并指导说话训练或写作,将活动过程、场景、收获与感受动笔写下。在"醇美节日"中,儿童通过节前、节中与节后的"听、说、读、写"训练或合作探究学习,增长了历史文化知识,提高了传统文化意识,也提高了动手能力和语文综合素养。

我们每年创设"醇美节日",积极营造浓厚的语文学习氛围,以不同的节日主题掀起儿童对"醇美语文"的热情。深井小学"醇美节日"课程安排如下：春节语文节、清明语文节、端午语文节和中秋语文节以及语文读书节。

（二）"醇美节日"的评价

"醇美语文节"课程评价是保证节日课程活动正常进行的必要手段,节日课程活动要规范化,科学化,要能传承中国传统文化,提高儿童人文素养与文化自豪感,使儿童自觉成为中华优秀文化的传扬者。深井小学"醇美节日"评价标准具体如下：(见表 1-4-3)

表 1-4-3 "醇美语文节"评价细目表

项目	评价标准	等级 （优良中下）	亮点
主题	主题鲜明有创意		
	体现强烈的时代感		
内容	活动内容新颖,符合节日要求		
	活动环节紧扣,有说服力和感染力		
形式	丰富多样,儿童喜闻乐见		
	环境营造得体,较好地烘托节日主题		

项目	评价标准	等级 （优良中下）	亮点
过程	儿童热情积极参与，突出主题		
	儿童乐于动手，勤于思考，乐于探究		
效果	儿童积极体验，热情高涨，激起情感共鸣		
	儿童热爱祖国文化、热爱生活		

（三）"语文读书节"的评价

每年 4 月份的"语文读书节"，是儿童最期盼的节日。在学校语文学科组的组织下，依据"阅读点燃智慧，书香润泽心灵"的阅读理念，通过开展"图书漂流"、"班级读书会"、"'书香家庭'评选"、"成语大赛"、"好书推荐卡设计大赛"和"知名作家进校园"等主题活动，让最好的书籍与最美好的童年相遇。

"语文读书节"关注活动的整个过程，关注儿童的参与度、儿童的感受与收获，以激励性评价为主，让师生感受"语文读书节"的快乐，在童趣中获得知识、展示自己、提高能力。具体评价标准见表 1-4-4。

表 1-4-4　"语文读书节"活动过程评价细目表

素养	A 级	B 级	C 级	自评	小组评	老师评
尊重	能全程认真学习，尊重老师同学，不嘲笑他人。	能全程参与学习，尊重他人，不嘲笑他人。	不能全程参与学习，不尊重他人。			
规矩	按照小组公约有秩序地参与活动，遵守各项约定。	基本能按照小组公约参与活动，遵守约定。	不能按照小组公约参与活动，不遵守约定。			
倾听	乐于倾听，善于倾听，不打断别人发言。	能倾听别人发言，不打断别人发言。	不善于倾听，总是打断别人发言。			
合作	虚心接受他人意见，愿意主动帮助他人，与组员、同学和谐合作。	能接受他人意见，愿意帮助他人。	不能接受他人意见，只关注自己的想法，不帮助他人			

评价原则如下：

1. 活动目标落实性。能落实"醇美语文"培养目标的有益途径，在活动方案的引领下，活动目标具体、准确、清晰，并能以此检验活动的成效度。

2. 活动开展规范化。根据计划开展主题节日活动，组织全面，环节严谨，关注细节，评价适宜，有一定的社会影响力。

3. 活动达成度。既体现节日活动、读书活动的趣味性，又有"醇美语文"的语文味儿，让活动和"醇美语文"有机融合，互为一体。

四、 开启"醇美之旅"，落实语文研学课程

2016年11月30日，教育部、国家发展改革委等15部门印发的《关于推进中小儿童研学旅行的意见》指出研学旅行"是教育教学的重要内容，是综合实践育人的有效途径"，还提出"学校要根据教育教学计划灵活安排研学旅行时间，并根据学段特点和地域特色，逐步建立小学阶段以乡土乡情为主的研学旅行活动课程体系"，"各地要根据研学旅行育人目标，依托自然和文化遗产资源、红色教育资源和综合实践基地等，各基地要将研学旅行作为重要的教育载体，根据小学的研学旅行目标，有针对性地开发多种类型的活动课程。"

根据该文件精神，我校"醇美语文"结合深井小学当地历史文化与地域实际情况，把研学旅行纳入语文教育教学计划，与语文综合实践活动课程统筹开发，以乡土乡情为主线，开启"醇美之旅"，落实语文研学旅行课程。

（一）"醇美之旅"的做法

古诗有言："纸上得来终觉浅，绝知此事要躬行。"现代教育家陶行知先生也说："行是知之始，知是行之成。"只有我们不断地去尝试实践，才能透彻地认识一个事物和明白一个道理，正所谓实践出真知。

语文来源于生活又用之于生活。开启醇美语文学习之旅，就是开启了语文思维之

路，让儿童从生活中发现语文、感悟语文、创造语文，这是实施"醇美语文"的有效途径。只有在实实在在的实践中点燃灵感的火花才能体会语文的魅力；只有在广博开放的视野中形成思维的溪流才能展现语文的活力。

我们在各年级开启"醇美之旅"，举行以集体旅行或服务学习的方式展开研究性学习和旅行体验相结合的校外教育活动，让儿童感受生活之美，激发儿童对语文学习的热情。深井小学"醇美之旅"课程实施安排如下。

（二）"醇美之旅"的评价

"醇美之旅"是让儿童去体验和参加社会实践活动，拓宽儿童视野，增长见识见闻，让儿童在多元的环境中通过各种渠道感受语文、学习语文，并以"利于促进儿童培育和践行社会主义核心价值观，激发儿童对党、对国家、对人民的热爱之情"；以"利于推动全面实施素质教育，创新人才培养模式，引导儿童主动适应社会，促进书本知识和生活经验的深度融合"；以"有利于加快提高人民生活质量，满足儿童日益增长的旅游需求，从小培养儿童文明旅游意识，养成文明旅游行为习惯"。教育部、国家发展改革委等15部门印发的《关于推进中小儿童研学旅行的意见》中还明确指出研学旅行要严格遵循四大原则，即"教育性原则""实践性原则""安全性原则""公益性原则"。因此，对儿童的评价也是多元的综合评价。深井小学"醇美之旅"评价细目表如下：（见表1-4-5）

表1-4-5 "醇美之旅"评价细目表

评价项目	评价标准	权重	得分
教育性	（1）通过开展各种教育活动和儿童的亲身体验来实现综合育人目标。	15	
	（2）以知识性目标、能力性目标、情感态度价值观目标和核心素养目标为落实的核心。	15	

续表

评价项目	评价标准	权重	得分
实践性	(1) 培养儿童发现问题、分析问题和解决问题的能力。	15	
	(2) 促进儿童结合书本知识,亲自实践,完成从知识到能力的转化。	15	
融合性	(1) 有创造性地整合校内外教育资源。	10	
	(2) 多学科、跨学科整合资源。	10	
安全性	(1) 活动有安全预案。	5	
	(2) 行前有备案。	5	
	(3) 应急有预案。	5	
	(4) 制定安全手册,进行安全培训。	5	

五、 建设"醇美社团",发展儿童兴趣爱好

"醇美社团"是语文学习实践的重要组成部分,是儿童交流语文的空间和展示自我的平台。

(一)"醇美社团"的实践与操作

"醇美社团"是依据小学新课程标准,结合我校井养课程,有效地实施素质教育,激发儿童潜能,拓展儿童特长,使儿童个性得到发展,校园生活得到丰富的一项社团活动。社团依据学校的课程规划实施团体性、系统性的活动课程,由专业老师组织和指导,孩子们根据自己的兴趣、爱好,自由选择定期和不定期的训练研习。

我们组织专门机构负责"醇美社团",定期组织学习研究,协调校内外、课内外关系,保证方案正常实施。我们开展了诵读社、深井文学社、书法社等丰富多彩的语文活动社团。其中诵读社是诵读语文经典,包括歌诀体,吟诵、朗诵和朗读;深井文学社是欣赏一些美文诗词,再进行儿童小诗创作;书法社在书法室有基础书法班和精英书法班。这些社团充分体现了语文学习的生活化、社会化。

(二)"醇美社团"的评价标准

"醇美社团"在丰富校园文化、培养儿童兴趣、发挥儿童特长和拓展儿童素质等方面发挥着越来越重要的作用。"醇美社团"以其更大的活动空间,更丰富的活动内容,更灵活的活动方式,发挥了重要作用,深受儿童的喜爱。"醇美社团"的评价也更灵活。深井小学"醇美社团"评价表如下:(见表1-4-6)

表1-4-6 "醇美社团"评价表

评价项目	评价标准	权重	得分
教育性	(1) 通过开展各种社团活动和儿童的成果展示来达到学以致用的效果。	15	
	(2) 以儿童社团课程的接受能力、掌握水平、成果展示为落实的核心。	15	
实践性	(1) 培养儿童发现问题、分析问题和解决问题的能力。	15	
	(2) 能够运用自如、随时有可观成绩和有效的成果展示。	15	
融合性	(1) 促进儿童结合教学知识,与社会生活相融合,与其他学科相交叉。	10	
特色性	(1) 展现本校课程的独特和精辟之处。	5	
	(2) 能够培养儿童一方面的特长,有出色和过人之处。	5	
安全性	(1) 活动有方案。	5	
	(2) 行前有备案。	5	
	(3) 应急有预案。	5	
	(4) 制定安全手册,进行安全培训。	5	

综上所述,我们以"醇美课堂""醇美课程""醇美节日""醇美之旅""醇美社团"构建了"醇美语文"的实施路径,发展儿童的语文核心素养,赋予儿童寻觅美的力量与智慧,实现"醇美语文"为儿童的全面发展、终身发展助力的目标。

(执笔人:朱智萍 李卫红 郑穗华 王清 黄立萍)

第二章

魔力科学： 在探究中体验科学的魅力

皮亚杰喜欢把孩子称为"小小科学家"，因儿童生来就爱探索，积极探索着周围的世界，好奇是其天性。"魔力科学"进入儿童的世界，顺应儿童的天性，保护儿童的好奇心，激发儿童的求知欲，引导儿童认识和客观看待自然世界，通过科学探究获取科学知识，培养学习能力、思维能力、实践能力和创新能力，让孩子在开展属于"自己的研究"中提高科学素养的同时，爱学科学，爱上有魔力的科学课。

广州市黄埔区深井小学科学教研组现共有教师 6 人，都是非专业的兼职科学老师。为了提高学科专业素养，丰富并创新科学教学，学校积极开拓校本课程，充分挖掘科学教育资源，与有雄厚师资力量的社会机构合作，为助力深井小学科学教育教学不懈努力。科学组老师认真开展教研活动，本着"夯实研、学、培，抱团发展"的目标，每位老师从自身出发，不断提高专业素养，形成具有个性化的教学特色。为更好地培养孩子们的科学学科核心素养，深井小学科学教研组立足于学校的"井养式"总课程体系，让孩子在探究中体验科学魅力，让孩子爱上有魔力的科学课。我校依据教育部《关于深化课程改革，落实立德树人根本任务的意见》《义务教育小学科学课程标准（2017 年版）》等文件精神，全面推进"魔力科学"学科课程建设。

第一节　让科学像魔法一样神奇

科学教育是立德树人工作的重要组成部分，是提升全民科学素质，建设创新型国家的基础。小学科学教育从小激发和保护学生的好奇心和求知欲，培养学生的科学精神和实践创新能力具有重要意义。[①]《义务教育小学科学课程标准（2017 年版）》指出："随着科学发现与技术创新不断涌现，科学技术推动了生产力的发展、经济的繁荣和社会的进步。""科学技术的快速发展对每一位公民的科学素养提出了新的要求。""科学素养是指了解必要的科学技术知识及其对社会与个人的影响，知道基本的科学方法，认识科学本质，树立科学思想，崇高科学精神。"[②]开展科学课程，目的是通过对科学知识的学习，利用科学知识进行科学探究，从而培养孩子对大自然的好奇心和创新意识，提高孩子的科学素质，也为孩子的全面学习与发展奠定良好的基础。依据小学科学课

---

①② 中华人民共和国教育部. 义务教育小学科学课程标准（2017 年版）［S］. 北京：北京师范大学出版社，2017：1.

程标准的精神，我们树立以下科学的性质观和课程理念。

一、 学科性质观

《义务教育小学科学课程标准(2017 年版)》首先指出："小学科学课程是一门基础性、实践性、综合性课程。小学科学课程把探究活动作为学生学习科学的重要方式，强调从学生熟悉的日常生活出发，通过学生亲身经历动手动脑等实践活动，了解科学探究的具体方法和技能，理解基本的科学知识，发现和提出生活实际中的简单科学问题，并尝试用科学方法和科学知识予以解决，在实践中体验和积累认知世界的经验，提高科学能力，培养科学态度。"[1]

"小学科学课程针对学生身边的现象，从物质科学、生命科学、地球和宇宙科学、技术与工程四个领域，综合呈现科学知识和科学方法，强调这四个领域知识之间的相互渗透和相互联系。""注重学习内容与已有经验的结合、理解自然与解决问题的结合，着力提高学生的综合能力；促进学生的全面发展。"[2]

我们认为，科学课程的核心价值在于不断提高孩子的科学素养，让孩子爱上有魔力的科学课。孩子可以通过学习、理解、运用等手段获取符合他们年龄段的科学知识和技能，从而激发他们对科学的浓厚兴趣和求知欲，促进孩子科学素养的培养与发展。

我们以"培养科学素养，在探究中发现科学魅力"作为课程开发的哲学依据，以校本课程作为具体平台，引导孩子通过科学课程的学习，积累科学知识和探究方法，从而了解身边自然现象和解决生活中的某些实际问题。在这个过程中，孩子发挥主体地位触发科学灵感，体验科学魅力，获得精神成长。

我们的科学课程集合知识、社会、儿童三者的需要，并且融入科学思想、理念、方法

---

[1][2] 中华人民共和国教育部. 义务教育小学科学课程标准(2017 年版)[S]. 北京：北京师范大学出版社, 2017: 2.

等内容，通过开展一系列的科学活动，创设科学探究的气氛，让孩子爱上科学，学习科学，体验科学，探究科学，在探究中体验科学的魅力。我校以围绕科学标准开设的课程为核心，让孩子感受科学的魅力。

小学科学课程是深井小学"井养"课程体系的重要组成部分之一，是为了实现教育目标，注重引导学生以生活为起点，动手去学习科学和探究科学的课程。也是培养儿童的科学素养、建设创新型国家人才的重要途径之一。

二、 学科课程理念

"小学科学课程是要面向全体学生，为每一个学生提供公平的学习科学的机会和有效的指导。无论学生之间存在怎么样的地区、民族、经济和文化背景的差异，或者性别、个性、等个体条件的不同，小学科学课程都要为全体学生提供合适的、公平的学习和发展机会。"[①]小学科学课程主要在教师的组织、指导和支持下，让孩子动手操作，在探究过程中，孩子学习科学方法，领悟科学思想，从而提高科学意识。

结合我校科学课程现状、孩子年龄段特点、学校地域文化等一系列综合考量，我们提出了从实际生活出发、符合学校特色的科学课程理念"魔力科学"。

所谓"魔力"，即指极其诱人的力量、神奇的力量，与魅力近义。所谓"魔力科学"，就是让科学像魔法一样拥有魔力，充满魅力，吸引儿童，陪伴儿童，让儿童在科学的海洋里探索科学的奥秘。"魔力科学"是以儿童为中心，从身边熟悉的实际生活出发，让儿童通过科学课程的学习以及亲自动手的实践活动，全面提高自身的科学素养。只有做到亲自动手探究，才能让孩子的实践学习真正具有旺盛的生命力，从而真正唤醒孩子学习科学的兴趣。"魔力科学"课程具有以下几个特点：

---

① 中华人民共和国教育部. 义务教育小学科学课程标准(2017 年版)[S]. 北京：北京师范大学出版社，2017：3.

（一）"魔力科学"是以生活为起点的科学

"小学科学课程针对学生身边的现象，从物质科学、生命科学、地球和宇宙科学、技术与工程四个领域，综合呈现科学知识和科学方法。"①"魔力科学"是以生活为起点的科学，有利于孩子积累生活经验。让孩子从熟悉的日常生活出发，学会发现科学，并且注重科学探究的过程，力求在探究的过程中学会利用科学的方法，运用创造性思维和逻辑推理思维去解决综合问题，从而让科学与其他学科相互渗透，提高儿童的科学素养，促进儿童的全面发展。

（二）"魔力科学"是以儿童为中心的科学

《义务教育科学课程标准（2017 年版）》中明确提出："学生是学习与发展的主体，教师是学习过程的组织者、引导者和促进者。"②在小学阶段开展的科学课程，我们不仅仅要创设学习气氛，而且要利用良好的学习环境，最大程度发挥孩子的主体地位，引导孩子学会主动探究。老师要根据儿童的认知水平和不同年龄段的个体差异去开发儿童的思维，让孩子克服在学习过程中遇到的困难，从而发挥儿童的学习主体地位。"魔力科学"就是通过开展一系列科学活动探究课程，把知识、社会、儿童三者的需求和科学知识互相融合在一起，全面提高孩子的科学素养。

（三）"魔力科学"是激发儿童好奇心和求知欲的科学

"小学生对周围世界具有强烈的好奇心和求知欲，这种好奇心和求知欲是推动学生科学学习的内在动力。"③"魔力科学"以儿童为中心，充分发挥儿童的主体地位，使其在学习与探索过程中能发现自然界之美，保持对科学世界的好奇心，领略科学世界的美妙与奥秘。同时，把科学实践与日常生活相结合，让孩子乐于参与观察、实验、操作、调查、

---

① 中华人民共和国教育部. 义务教育小学科学课程标准(2017 年版)[S].北京：北京师范大学出版社，2017：2.

②③ 中华人民共和国教育部. 义务教育小学科学课程标准(2017 年版)[S].北京：北京师范大学出版社，2017：4.

发明等一系列的科学实践活动,在认识科学世界的过程中积累经验,敢于创新。

(四)"魔力科学"是展现科学魅力的科学

科学课程就像是有魔法的课程一样,充满魅力。自然界给我们呈现的不仅仅是自然美,还处处包含着科学美。老师要充分利用科学课程的资源让孩子尽情感受科学之美。小学科学课程不仅要让学生了解和明白基本的科学概念,也要让孩子在探究的过程中学会发现科学美和感受科学美,从而使孩子获得科学探究的能力和掌握科学的学习方法,培养孩子独立思考、实事求是的科学态度。"魔力科学"的魅力不仅体现在内容和形式上,也体现在科学研究的过程中。让孩子将探究式的学习与其他科学方法充分结合起来,以获得最佳的学习效果,从而让孩子在探究中体验科学的多彩魅力。

总之,"魔力科学"就像有魔力一样激发孩子的求知欲。深井小学科学教研组认为只有从实际出发,结合深井小学学生的实际情况,通过探究的学习方式引领他们发现和学习与周围世界有关的科学知识,了解科学与日常生活之间的密切关系,逐步学会分析问题和解决简单的实际问题,让科学像魔法一样神奇,使学生爱上科学,帮助孩子形成科学的自然观,丰富孩子的童年生活,培养科学素养,为他们以后学习发展打下良好的基础。

第二节　提升儿童的科学素养

《义务教育小学科学课程标准(2017年版)》指出:"小学科学课程的总目标是培养学生的科学素养,并为他们继续学习、成为合格公民和终身发展奠定良好的基础,学生通过科学课程的学习,保持和发展对自然的好奇心和探究热情;了解与认知水平相适应的科学知识;体验科学探究的基本过程,培养良好的学习习惯,发展科学探究能力;发展学习能力、思维能力、实践能力和创新能力,以及用科学语言与他人交流和沟通的能力；形成尊重事实、乐于探究、与他人合作的科学态度；了解科学、技术、社会和环境的关系，具有创新意识、保护环境的意识和社会责任感。"①课程标准从不同的维度，为小学科学课程的教育教学指明了方向。

一、学科课程总体目标

基于义务教育小学科学课程标准的解读和理解，结合学校的课程理念"给每一个孩子带得走的能力"，我们制定了"魔力科学"的总目标：培养儿童的科学素养，认识和客观看待自然世界，通过科学探究获取科学知识，开展属于"自己的研究"，让孩子爱上有魔力的科学课。我校"魔力科学"的课程目标围绕着"科学知识目标""科学探究目标""科学态度目标""科学、技术、社会与环境目标"四个方面进行规划设计。

（一）科学知识目标

了解物质的基本性质和基本运动形式，认识物体的运动、力的作用、能量、能量的不同形式及其相互转换；了解生物体的主要特征，知道生物体的生命活动和生命周期；认识人体和健康，以及生物体与环境的相互作用；了解太阳系和一些星座；认识地球的面貌，了解地球的运动；认识人类与环境的关系，知道地球是人类应当珍惜的家园；了解技术是人类能力的延伸，技术是改变世界的力量，技术推动着人类社会的发展和文明进程。

（二）科学探究目标

了解科学探究是获取科学知识的主要途径，是通过多种方法寻找证据、运用创造性思维和逻辑推理解决问题，并通过评价与交流等方式达成共识的过程。知道科学探

---

① 中华人民共和国教育部. 义务教育小学科学课程标准(2017 年版)[S]. 北京：北京师范大学出版社，2017：6.

究需要围绕已提出和聚焦的问题设计研究方案,通过收集和分析信息获取证据,经过推理得出结论,并通过有效表达与他人交流自己的探究结果和观点,运用科学探究方法解决比较简单的日常生活问题。初步了解多种思维方法,发展学习能力、思维能力、实践能力和创新能力,以及运用科学语言与他人交流和沟通的能力。初步了解通过科学探究达成共识的科学知识在一定阶段是正确的,并且随着新证据的增加,科学探究会不断完善和深入,甚至会发展变化。

(三) 科学态度目标

对自然现象保持好奇心和探究热情,乐于参加观察、实验、制作、调查等科学活动,并能在活动中克服困难,完成预定的任务。具有基于证据和推理发表自己见解的意识;乐于倾听不同的意见和理解别人的想法,不迷信权威;实事求是,勇于修正与完善自己的观点;在学习中运用批判性思维大胆质疑,善于从不同角度思考问题,追求创新;在探究活动中主动与他人合作,积极参与交流和讨论,尊重他人的情感和态度。

(四) 科学、技术、社会与环境目标

初步了解所学的科学知识在日常生活中的应用。初步了解人类活动对自然环境、生活条件及社会变迁的影响;了解社会需求是推动科学技术发展的动力;了解科学技术已成为社会与经济发展的重要推动力量;初步了解在科学技术的研究与应用中,需要考虑伦理和道德的价值取向;热爱自然,珍爱生命,增强具有保护环境的意识和社会责任感。

二、 学科课程年级目标

基于学生的年龄特征与认知规律,"魔力科学"以教科版的部编教材为基础,依据科学概念和科学探究双螺旋(科学态度和科学、技术、社会与环境为辅线)协同发展的编写理念模型,按照年级研制以大单元组织形式实施,制定了1—6年级的"魔力科学"

学科课程年级目标，现以二年级为例。（具体见表2-2-1）

表2-2-1 广州市黄埔区深井小学"魔力科学"课程二年级目标表

学期 单元	二年级上学期	二年级下学期
第一单元	共同要求： 1. 描述太阳每天在天空中东升西落的位置变化。 2. 描述怎样利用太阳的位置辨认方向。描述一年中季节变化的现象，举例说出季节变化对动植物和人类生活的影响。 3. 描述月相的变化现象。知道太阳能够发光发热。 4. 描述太阳对动植物和人类生活的重要影响，知道有阴、晴、雨、雪、风等天气现象，描述天气变化对动植物和人类生活的影响，观察并描述周围的土壤上生长着的植物和生活着的动物。 5. 能利用多种感官或者简单的工具观察对象的外部形态特征及现象。 6. 描述信息。能简要讲述探究过程与结论，并与同学讨论交流。 7. 能在好奇心的驱使下对常见的动植物，物质的外在特征，以及生活中的科学现象、自然现象表现出探究兴趣。 8. 能如实讲述事实，当发现事实与自己原有的想法不同时，能尊重事实，养成用事实说话的意识。愿意倾听、分享他人的信息，乐于表达、讲述自己的观点，能按要求进行合作探究、学习。 9. 了解人类的生活和生产需要从自然界获取资源，同时会产生垃圾，有些垃圾可以回收利用。 10. 珍爱生命，保护身边的动植物，意识到保护环境的重要性。说出人类生活离不开动植物的一些实例，初步形成珍惜动植物资源的意识。	共同要求： 1. 推力和拉力是常见的力。磁铁能吸引铁一类的物体。 2. 磁铁可以隔着一段距离、一些物体对铁一类的物体产生吸引作用。 3. 磁铁不同部分的磁力强弱不同，磁力最强的部分叫磁极，一个磁铁有两个磁极。磁铁能指示南北方向。 4. 指南针是我国古代四大发明之一，是利用磁铁能够指示南北方向的特点制成的。 5. 钢针经过磁铁摩擦能变成小磁针，可以用来自制指南针。相同的磁极相互排斥，不同的磁极相互吸引。 6. 能用简单材料和方法做探究磁铁性质的实验。 7. 能通过移动小车感受推力和拉力是常见的力。 8. 能用语言、示意图初步描述磁铁实验现象，并由此开展基于证据的、初步的科学论证活动。 9. 能在讨论和交流中表达、倾听、评价对磁铁性质的想法。 10. 能仿制一个水浮式指南针，并就制作过程中出现的问题进行改进。 11. 能对磁铁及磁现象表现出探究兴趣。能采用合适的方式如实地记录和表达有关磁铁的信息。 12. 能围绕磁铁的相关研究做出自己的猜测，并尝试用多种实验方法来验证自己的想法。 13. 愿意倾听他人的意见，乐于分享自己的经验。能按要求进行合作探究学习。 14. 了解常见的利用磁铁及其性质的产品，体会它们给人类生活带来的便利。

续表

学期 单元	二年级上学期	二年级下学期
	校本要求： 1. 能用各种感官直接感知周围常见的动植物。 2. 认识到周围的动植物是多种多样的，初步学习用不同的标准对动植物进行分类。	15. 体会我国古代在指南针的研究与应用上所做的贡献，意识到科学技术对人类社会的促进作用。 16. 初步体验包括设计、实施、改进在内的简单的技术与工程实施过程。 校本要求： 1. 全身心参与到活动中，发现、分析和解决问题，发展实践创新能力。 2. 学会合作、探究、创造；自主学习、自我评价，愉快学习、乐中发展。
第二单元	共同要求： 1. 我们周围的世界可分为自然世界和人工世界，人工世界是由人设计并制造出来的。 2. 物品是由一种或多种材料做成的，我们身边存在着许多不同种类的材料。 3. 物品可以根据构成它的材料的性能来描述，也可以根据这些性能来区分物品或材料。不同的材料具有不同的性能，材料的性能决定材料的用途。 4. 通过科学技术可以将自然界的各种材料利用起来，材料经过加工可能改变原有的性能。 5. 运用各种感官观察并识别构成物品的各种材料，用科学词汇初步描述常见材料的特征。 6. 根据可观察到的特征和性质，对物品和材料进行描述、比较和分类。利用工具对材料进行简单加工。 7. 将学习到的知识和解决问题的方法运用到新的情境中去。利用提供的材料和工具，通过口述、图示等方式表达自己的设计与想法，并完成任务。 8. 发展探究物质世界的兴趣。实事求是地描述材料的特性，形成用事实说话的意识。 9. 认识到在科学研究中准确描述事物很重要。发展进一步改进材料的兴趣。	共同要求： 1. 初步认识人体的基本结构。 2. 能够观察并描述身体的外部结构。 3. 能用摸、听等方法，阐述身体内部的情况。 4. 能够尝试用不同的方法开展观察活动，以证实自己的观察结果，能如实描述自己的观察结果。 5. 能发现人体的结构相同，但相貌等方面总会有不同。 校本要求： 1. 通过观察、探索、提问、猜测发展科学探究能力。 2. 通过学校加强家庭责任感。

续表

单元 学期	二年级上学期	二年级下学期
	体验创造产品的喜悦和成功感,学会与人交流、分享与合作。 10. 意识到材料对于人工世界的重要性,选择材料需要考虑其优缺点,倡导节能环保。 11. 体会随着科技的发展和时代的变迁,材料会不断改进。了解当前许多材料是随科技进步逐步改进后的产物,给人类的生活、发展带来了便利。认识到废旧材料可以回收、重复利用,这样做可以保护环境,节约资源。 12. 体会科学知识可以应用于解决日常生活中的问题。 校本要求: 1. 在"实验""探究""设计""创作""反思"的过程中进行"体验""体悟""体认",在全身心参与的活动中,提升对于发现、分析和解决问题的能力,发展实践创新能力。 2. 学会合作、探究、创造;自主学习、自我评价,愉快学习、乐中发展。	

总之,我校将秉承"魔力科学"的学科理念,围绕科学总目标和四个方面的具体课程目标,努力培养儿童的科学素养,引导儿童认识和客观看待自然世界,通过科学探究获取科学知识,发展学习能力、思维能力、实践能力和创新能力,开展属于"自己的研究",让儿童从小学科学、爱上有魔力的科学课。

第三节　以鲜活的内容丰富科学课程

《义务教育小学科学课程标准(2017 年版)》中指出:"小学科学课程是一门基础性

课程，是一门实践性课程，是一门综合性课程。"①我们根据儿童身心发展特点、教师团队特点、古村文化资源状况等，以鲜活的内容丰富科学课程，构建了"魔力科学"学科课程群，旨在培养儿童的科学探究能力、思维能力、创新能力、运用科学解决实际问题以及进行表达和交流的能力，初步形成实事求是的科学态度，产生探究的好奇心，学会与他人合作，形成创新意识、保护环境的意识和社会责任感，培养儿童的科学素养，促进儿童的全面发展，从而为他们今后的学习和终身发展奠定良好的基础。

一、 学科课程结构

《义务教育小学科学课程标准(2017 年版)》中指出："小学科学课程内容以学生能够感知的物质科学、生命科学、地球与宇宙科学、技术与工程中一些比较直观、学生有兴趣参与学习的重要内容为载体，重在培养学生对科学的兴趣、正确的思维方式和学习习惯。"②我校以国家统编教材为教学媒介全面实施国家基础课程，积极开发校本课程，建设"魔力科学"课程群，从"生命科学""物质科学""地球与宇宙""技术与工程"四大科学学习领域出发，对应设置了"生机勃勃""物所不有""宇我同行""技艺非凡"四个版块，为儿童科学素养的建构提供全面、丰富的资源。具体课程结构如下图。(见图 2-3-1)

具体表述如下：

"生"机勃勃——内容主要为生命科学领域。通过对身边的动植物的观察、养殖、种植等活动，学习了解我们特有的动植物资源，掌握一些观察、比较、记录、汇报的方法，培养儿童的科学探究能力、思维能力、创新能力、运用科学解决实际问题以及进行表达和交流的能力，激发儿童认识自然、了解自然的兴趣，激发儿童热爱大自然的

---

① 中华人民共和国教育部. 义务教育小学科学课程标准(2017 年版)[S]. 北京：北京师范大学出版社，2017：1—2.

② 中华人民共和国教育部. 义务教育小学科学课程标准(2017 年版)[S]. 北京：北京师范大学出版社，2017：5.

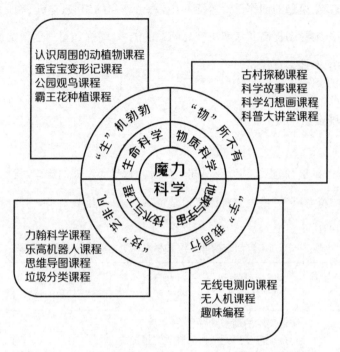

图2-3-1　广州市黄埔区深井小学"魔力科学"课程结构图

情感。

　　"物"所不有——内容主要为物质科学领域。以实验探究为主要学习方式,引领儿童了解物质世界的奇妙,感受物质的无穷无尽,领悟科学故事以及科学幻想对物质世界改变的重要意义,探索常见物质以及古村文物的变化,了解不同能量之间的转换,增强儿童探究物质世界的好奇心,引导儿童感受物质科学对社会发展的重要意义,帮助儿童形成乐于合作、善于观察、勇于探索的科学品质。

　　"宇"我同行——内容主要为人工智能科学领域。通过对无线电、无人机、编程等的学习体验,激发儿童对人工智能的求知欲,激发儿童对抽象事物、抽象宇宙空间的兴趣,帮助其发展空间想象、模型思维、逻辑推理等能力,初步建立科学的世界观。

　　"技"艺非凡——内容主要为技术工程领域。引导儿童在对身边工具的使用、物品的观察分类比较、模型的创作设计等活动中,思考产品的组装、设计、制造或改进的方法,并且运用思维导图提高儿童解决实际问题的能力,增强儿童的创新意识、保护环境的意识,从而增强社会责任感。

二、学科课程设置

依据"魔力科学"课程结构以及不同年龄段儿童身心发展的规律,我校从一年级到六年级,设置"魔力科学"课程。具体课程设置如下表。(见表2-3-1)

表2-3-1　广州市黄埔区深井小学"魔力科学"课程设置表

年级	类别 学期	生命科学 "生"机勃勃	物质科学 "物"所不有	地球与宇宙 "宇"我同行	技术与工程 "技"艺非凡
一年级	上学期	认识周围的动植物 蚕宝宝变形记	科学故事 科学幻想画		乐高机器人 力翰科学
	下学期	公园观鸟		无线电测向 智向寻宝	思维导图 垃圾分类
二年级	上学期	认识周围的动植物 蚕宝宝变形记	科学故事 科学幻想画	无线电测向 智向寻宝	乐高机器人 力翰科学
	下学期	公园观鸟		无线电测向 智向寻宝	思维导图 垃圾分类
三年级	上学期	认识周围的动植物 蚕宝宝变形记	科学故事 科学幻想画	趣味编程	乐高机器人 力翰科学
	下学期	公园观鸟 霸王花种植 隆平院士港	科普大讲堂 古村探秘	无线电测向 智向寻宝	思维导图 垃圾分类
四年级	上学期	蚕宝宝变形记	科普大讲堂		思维导图 乐高机器人 力翰科学
	下学期	霸王花种植 公园观鸟 隆平院士港	古村探秘	无线电测向 智向寻宝 无人机 趣味编程	垃圾分类

年级	类别\学期	生命科学"生"机勃勃	物质科学"物"所不有	地球与宇宙"宇"我同行	技术与工程"技"艺非凡
五年级	上学期	公园观鸟 隆平院士港	科普大讲堂	乐高机器人	力翰科学 思维导图 垃圾分类
	下学期	霸王花种植	古村探秘	无线电测向 智向寻宝	无人机 趣味编程
六年级	上学期	公园观鸟 隆平院士港	科普大讲堂		思维导图 垃圾分类
	下学期	霸王花种植	古村探秘	无线电测向 智向寻宝 无人机 趣味编程	

三、学科课程内容

根据科学课程的学科特点、儿童的认知规律，"魔力科学"遵循从易到难、由浅入深、循序渐进的原则，系统、科学地设置了各年级的课程。现以二年级为例，具体设置如下表。（见表2-3-2）

表2-3-2 广州市黄埔区深井小学二年级"魔力科学"课程内容与目标表

学期	课程	课程内容与目标
上学期	科学故事	搜集积累成长故事，感受科学的魅力，探知科学世界的奥秘，激发爱科学的兴趣。掌握成长故事具有的几大要素，体验讲述成长故事的成就，激发爱科学的兴趣。
	科学幻想画	学习科幻画，抓住色彩、造型的基本特点。
	乐高机器人	尝试用合适的技术、工程的方式、数学的思维，拼插、组装等技能进行组合。
	认识周围的动植物	进一步了解生活中常见动植物的名称和特点，认识到周围的动植物是多种多样的，初步学习用不同的标准对动植物进行分类。
	蚕宝宝变形记	观察、探索如何饲养蚕宝宝。

学期	课程	课程内容与目标
下学期	思维导图	学会抓思维导图的核心词，绘制简单的思维导图。
	垃圾分类	认识垃圾分类给人类带来的好处以及尝试对班级的垃圾进行分类。
	公园观鸟	在观察的过程中学会观察、记录鸟类的活动。
	无线电测向	认识 80 米测向机及信号源，了解器材使用方式，认识地图的基本常识。

总之，"魔力科学"课程以《义务教育小学科学课程标准（2017 年版）》为依据，依托国家基础课程，结合儿童身心发展的特点，关注儿童全面发展以及个性发展的需要，将课程与时代和生活紧密结合，激发儿童对科学的兴趣，提高儿童的科学素养。

第四节　让儿童探寻科学的魔力

为了真正实现"魔力科学"的核心价值，从根本上提升儿童的科学素养，我们将从"魔力课堂""魔力社团""魔力讲堂""魔力节日""魔力之旅"等几方面进行课程实施，让儿童在多维途径中探寻科学的魔力。

一、打造"魔力课堂"，夯实学科课程

"魔力课堂"指在学校"井养式"课程下建构的更具科学学科魅力的课堂。老师要充分利用科学课程的教学让儿童尽情感受科学之美，不仅要让儿童明白和了解基本的科学概念，也要让儿童在探究的过程中学会发现科学美和体验科学美。在儿童获得科学探究能力和掌握科学学习方法的过程中，培养他们善于思考、实事求是的科学态度，为今后的学习、生活以及终身发展奠定良好的基础。

（一）"魔力课堂"的实践操作

在认真贯彻国家课程目标的基础上，我校根据儿童年龄特点以及兴趣爱好，挖掘身边的科学小故事，让儿童知道科学是非常有趣的，以此营造儿童爱科学、学科学的氛围。低年段通过听、看、讲科学故事激发、培养爱科学的兴趣，认识周边常见的动物和植物，能简单描述其外部主要特征，了解人类的生活和生产需要从自然界获取资源，同时会产生废弃物，有些垃圾可以回收利用；珍爱生命，保护身边的动植物，意识到保护环境的重要性。中年段初步了解植物体的主要组成部分，知道动植物的生命周期，掌握一定的种植方法，了解科学技术对人类生活方式的影响；掌握一些基本的科学原理，增强实践动手能力；知道设计包括一系列步骤，完成一项工程设计需要分工与合作，需要考虑很多因素；更深入地了解自己的家乡，增强爱家乡的意识。高年段初步了解鸟的习性；通过科普讲堂的模式提高科学素养；通过观察，了解自然界的一些简单规律；掌握一定的计算机技能；通过调查、观察、拍摄更好地挖掘深井古村的历史及深井古村的美丽风光，同时提高审美能力。

（二）"魔力课堂"的评价标准

为了更好地打造魔力科学课堂，夯实学科课程，我校制定了"魔力课堂"评价表。（见表 2-4-1）

表 2-4-1　广州市黄埔区深井小学"魔力课堂"评价表

评价项目	评价标准	评价结果		
		优	良	中
教学目标饱满	1. 通过科学课程的学习，保持和发展对自然的好奇心和探究热情。 2. 了解与认知水平相适应的科学知识。 3. 体验科学探究的基本过程，培养良好的学习习惯，发展科学探究能力。 4. 发展学习能力、思维能力、实践能力和创新能力，以及用科学语言与他人交流和沟通的能力。 5. 形成尊重事实、乐于探究以及与他人合作的科学态度。 6. 了解科学、技术、社会和环境的关系，具有创新意识、保护环境的意识和社会责任感。			

评价项目	评价标准	评价结果		
		优	良	中
教学内容丰富	1. 内容涉及"科学知识""科学探究""科学态度""科学、技术、社会与环境"四个方面。 2. 能结合地方文化与社会资源开展学习。 3. 让孩子们全方位地了解人文素养、古风民俗、科学技术等方面的学习内容。 4. 在多样化的学习材料中阅读人生、阅读社会,形成自己的科学素养。			
教学过程情趣	1. 孩子能主动探究、乐于实践、团队合作。 2. 敢于质疑。 3. 能不断地探究、发现与实践。			
教学方法迁移	1. 做到举一反三、触类旁通地去学习。 2. 拥有"灵、巧、活"的能力,把不相关的东西联系在一起。 3. 因地制宜,因事而议,具体问题具体分析。 4. 正确地运用不同的思考方式来看待不同的问题。			
教学评价多元	1. 多角度评价。 2. 关注儿童不同阶段的成长。 3. 反映教学信息。 4. 正式与非正式评价。 5. 儿童主动自我评价。			
教学文化鼓励	1. 以"鼓励"为主。 2. 尊重儿童的差异性。 3. 加强对儿童情感、认知、心理的了解与研究。 4. 营造宽松、民主的氛围,为激励性评价创造条件。			

在"魔力课堂"中通过运用灵活的教学手段,让儿童积极参与、亲身经历各种各样的科学活动,让他们的眼、耳、鼻、舌、身等多种感官协同活动,真正地动手动脑学科学,让科学课堂像磁铁一样有"魔力"吸引儿童。

二、建设"魔力社团",提高儿童动手能力

"魔力社团"是学校为给孩子提供展示个性的活动平台,在一至六年级开发的社团。

（一）"魔力社团"的实践操作

小学科学课程把探究活动作为儿童学习科学的重要方式,通过儿童亲身经历动手动脑等实践活动,了解科学探究的具体方法和技能,理解基本的科学知识,发现和提出生活实际中的简单科学问题,并尝试用科学方法和科学知识予以解决,在实践中体验和积累认知世界的经验,提高科学能力,培养科学态度,学习与同伴的交流、交往与合作。为此我们将"科学知识""科学探究""科学态度""科学、技术、社会与环境"等内容充盈在各个富有魔力的社团之中,目前我们学校开发了以下 8 个魔力科学社团。(见表 2-4-2)

（二）"魔力社团"的评价标准

儿童社团是学校文化建设的重要载体,为了更好地实现对"魔力社团"的科学管理,提高儿童动手能力和团队合作能力,为将来的发展奠定良好的基础,我校从社团管理、活动开展、活动展示、活动成果等 4 个方面制定了"魔力社团"的评价标准。(见表 2-4-3)

表 2-4-3　广州市黄埔区深井小学"魔力社团"评价表

评价维度	等级内容	评定等级
社团管理	1. 制定社团章程并及时完善和严格执行。 2. 指导老师引导得当。 3. 服从学校领导及管理,按时递交各种活动资料。	
活动开展	1. 活动有固定的场所。 2. 能够激发孩子的好奇心和求知欲。	
活动展示	1. 活动形式多样。 2. 主动参与校内大型活动,能独立开展对外开放的活动。	
活动成果	1. 儿童参与度高。 2. 以社团的名义参加校内外的大型赛事,并取得名次。 3. 社团成员能有自己独立的见解,学科素养得以提升。	

表2-4-2 广州市黄埔区深井小学"魔力社团"一览表

社团名称	社团目标	社团内容	社团实施	社团评价	开放年级
科学幻想画	1. 初步了解科学幻想画，领悟并运用所学方法进行绘画练习。 2. 学习造型的基本特点，抓住色彩，组织画面的能力、色彩，感受的艺术美感，尝试用多种绘画形式带来不同画面形式进行创作。	1. 专家讲堂：感知体验科幻创想画的神秘与奇妙之旅。 2. 观看影片：探秘机器人奥秘。 3. 参观科学体验基地：亲身体验科学试验现场教学活动。 4. 创意科幻画：展示好画面及版面，采用一画一说，写一写的方式，展示活动中的不同收获。	1. 小练笔。以低年级技法技巧为入手点进行小练笔。 2. 绘画训练。适合低年龄等基本元素，便于儿童全身心投入到绘画训练中，增强积极性，提高训练效率。 3. 思维拓展。突出对儿童创新思维能力的培养，锻炼儿童有意识地进行思维拓展。 4. 创新作品。体验感知与绘画训练相结合，动静结合达到创新作品的效果。	展示性评价：展示画面、版式，分享收获。评选"并探科学创意小画家"。	一至三年级。
乐高机器人	1. 初步感知、了解基本的科学原理，基本熟悉乐高9686套装。 2. 尝试用合适的技术、工程的方式、数学的思维、拼插、组装等技能进行组合、建构情境问题，解决情境问题。	1. 入门组装：认识乐高9686套装、智能城市、清洁工、捕鱼小达人、我能捉多远。 2. 活力升级：入门勘测师、超级大力臂、综合活动、节能动力车。 3. 综合比拼：跑得远、跑得快等综合活动。	1. 引入活动。将活动的知识点与儿童已有学习体验和生活经验联系起来，获取更多的知识。 2. 建构乐高。个人或小组合作，探索建构活动，通过试验，提高自己做出的事情，反思讨论。加固对建构步骤的记忆及加深对原理的理解。 3. 结束活动。收拾好自己的乐高材料及周围环境，带着课后思考题回家或独自一步进一步共同探究。	赛事评价：乐高机器人大比拼，评比跑得快、跑得远。	一至三年级。

续表

社团名称	社团目标	社团内容	社团实施	社团评价	开放年级
力翰科学	1. 在"动手做""实验""探究""设计""创作""反思"的过程中进行"体验""体悟""体认"。 2. 在全身心参与的活动中，提升发现、分析和解决问题的能力，发展实践创新能力。 3. 学会合作、探究、创造，自我评价，乐中发展。	1. 电学知识：电学基础，电生磁、磁生电、发电的原理。 2. 基础科学：气象学，空气动力学，光学，热力学等基础科学原理。 3. 动手实践：各式能源产生的力量驱动各种机关装置，积木及各式教材操作使用。	1. 科学小故事。引导儿童听科学故事。 2. 动手做一做。通过积木及各式教材操作使用，运用各种能源产生的力量驱动各种机关装置。 3. 动脑想一想。通过自己动手组装的成品来理解、讲述相关的科学原理。	展示性评价：评选优秀动手科学家；评选优秀科学成品。	三至五年级
思维导图	1. 了解思维导图的基础知识，学会绘制简单的思维导图，感受其价值。 2. 初步运用思维导图解决实际生活问题，体会思维导图的记忆功能。	1. 知识积累：了解思维导图的定义、起源与原理。 2. 搭建框架：提炼重要信息，形成关键词，从中央图像到四周扩散。 3. 实际体验：学习绘制，分类与制图。	1. 要点讲解：通过系统排序，以图片形式加深印象，引导儿童了解思维导图的原理，培养日后分类、逻辑、空间等能力。 2. 案例分析：互动研究分析错误要点，达成正确的学习结果。 3. 实践练习：从学科到生活，课外知识固定题到演讲视频。	作业评价：评选思维导图设计师，把思维导图运用到日常生活学习中。	一至六年级
趣味编程	1. 初步了解并认识趣味编程，揭开趣味编程的神秘面纱。 2. 感受计算机语言的乐趣，掌握基础编程技能。	1. 趣味编程：趣味编程的定义、作用。 2. Scratch界面：认识Scratch界面。	1. 走进趣味编程。了解趣味编程的基础知识及其作用。 2. 认识Scratch界面。了解Scratch各个分区的指令和操作内容。	展示性评价：评选最受欢迎"游戏作品"。	四至六年级

续表

社团名称	社团目标	社团内容	社团实施	社团评价	开放年级
		3. 作品练习：了解积木式编程能创作简单作品，在动手中提升编程素养，学习编程逻辑的知识，了解编程中算法的知识，分别学习动画技术的知识，让孩子们在实际操作中编写为较为复杂的软件作品。	3. 实例学习，学习 Scratch 的角色添加，体验让角色动起来。利用 Scratch 让角色动起来。编辑角色造型。 4. 作品练习，学习并完成一些作品，提高编程的能力。 5. 作品欣赏，欣赏一些高水平的编程设计，加深儿童对编程的理解。		
智向寻宝	1. 初步学习无线电测向基础知识，认识各信号源，了解测向机及器材使用方式，认识地图的基本常识。 2. 初步掌握测向基本单双向寻台技能，利用地图识别目标识别和方向。 3. 在奔跑中寻宝，获得探索精神，独立思考得的逻辑思维。	课程概括：无线电测向，定向运动的发展历史及积极价值。 1. 运动简介：无线电测向运动简介，测向运动的简介，了解动器材使用方法，识别电台信号源的依次发信，收听电台信号练习。 2. 收测电台方向线练习，体验电台方向练习，小组合作寻台游戏，以团队合作找台。 3. 识图技术：认识专业技术，识别地图，识别技术、结合地图和实地辨别方向寻台。彩色地图，识别技术，	1. 课堂实践，多以人或者小组实践的方式寻台找点，互相学习。 2. 观看视频，观看无线电与定向运动视频，开阔儿童的视野，促进兴趣养成。 3. 儿童演讲，引导并鼓励儿童做对自己所见所闻所思，提高儿童对人演讲，提高儿童的自我表达能力。	赛事评价：无线电测向考核，个人赛与团队赛。	一至六年级

社团名称	社团目标	社团内容	社团实施	社团评价	开放年级
种植小能手	1. 了解霸王花的生长特点，探究科学地管理霸王花的方法，对科学种植霸王花产生兴趣。 2. 通过霸王花种植时病虫害的防治方法的学习，对热爱家乡，保护环境产生责任感。	1. 霸王花知识：霸王花生长的温度、湿度，光照，开花季节等。 2. 霸王花实践：霸王花种植的方法、霸王花生长变化。 3. 霸王花健康：霸王花病虫害的防治措施，采取措施的最佳时间，及时采取相应的措施保护霸王花。	1. 影视教学。儿童观看《霸王花植小秘籍》教育视频，了解关于霸王花的知识。 2. 资料查阅。查阅关于霸王花种植的资料。 3. 现场实践。霸王花种植实践，将所学习的种植方法运用于实践。 4. 学科整合。将霸王花种植经验融合到各学科当中。	赛事评价：举行"霸王花校之花知多少"比赛、种植成果展示，表彰"霸王花种植小能手"。	三至六年级
无人机	1. 了解四旋翼飞行器的定义、内部结构，初步感受无人机的操控技巧。 2. 提升对无人机的热爱与激情，养成思考的习惯，激发空间思维和逻辑思维能力及合作、交流的意识。	1. 室内编程：室内可编程多旋翼无人机采用可分解、可拆卸式设计。 2. 动手组装整个飞机，用以提高动手能力和对飞机的结构认知。 3. 扩展模块：参与到飞机扩展模块的编程和使用中。 4. 学习python：编写python代码来控制多架无人机飞行。	1. 知识点拨。讲解python中循环、函数等基础语法。 2. 模拟编队。使用代码在模拟器中控制一架无人机进行简单飞行，代码将会以逻辑顺序来完成为儿童讲解python基础语法是如何通过代码控制无人机完成轨迹飞行的。 3. 真机编队。讲解如何把这些简单舞步组合成炫酷、复杂的编队，将代码实现的编队动作用真机体现出来。	赛事评价：实习小飞手，一星小飞手，二级小飞手，三级小飞手和首席飞手五个称号。	四至六年级

社团活动是学校课堂教学的延伸性活动，是进一步深化教学改革，全面实施素质教育的一个重要体现。学校社团活动的开展，既丰富了儿童的课余生活，也扩大了儿童自主发展的空间。

三、举办"魔力讲堂"，开阔儿童科学视野

"魔力讲堂"是通过举办魔力讲堂，邀请专家学者、社会团体、家长代表进行专题讲座，开阔儿童的科学视野，让儿童接触到更多元的科学世界。

（一）"魔力讲堂"的实践操作

为了深入贯彻落实《全民科学素质行动计划纲要》，充分发挥"科普大篷车"的科普功能，提高我校儿童的科学素质，培养创新型科技人才，我校借助广州市科协"科普大篷车进校园"活动开展"魔力讲堂"的实践课程。自2013年首次启动后至今，已多次开展科普活动，发放科普资料，普及科普知识，活动得到了广大儿童和家长的热烈欢迎与一致好评。科普活动大体分三类：一是展示各种各样充满智慧与趣味的科技展品，儿童可以观摩也可以亲身体验；二是3D打印笔体验活动；三是派发各种科普文字资料和"千师万苗工程——科普漫画"。

"科普大篷车"是装载科普展品、科普资料、科普展览等活动内容的多功能流动科普宣传设施。车载展品集科学性、知识性、趣味性于一体，涉及声、光、电、力、磁等学科内容，具有很强的参与性、互动性，"科普大篷车"也被形象地称为"流动的科技馆"。是向广大青少年弘扬科学精神，倡导科学方法，传播科学思想，普及科学知识的一种新颖的科普宣传形式。

我校将借助广州市科协"科普大篷车进学校"活动，以机动灵活的活动形式、丰富多彩的展示内容，大力弘扬科学精神、科学知识、科学思想、科学方法，以促进我校学生科学素质的提高。

（二）"魔力讲堂"的评价标准

为了更好地举办魔力讲堂，我们对魔力科学讲堂制定了相关的评价要求。（见表2-4-4）

表2-4-4 广州市黄埔区深井小学"魔力讲堂"评价要求

评价对象	评价体系	等级内容	评定等级
魔力科学讲堂	讲座主题	1. 主题鲜明。 2. 符合科学发展潮流。 3. 趣味性强。	
	讲座内容	1. 丰富有趣。 2. 能够激发孩子的好奇心和求知欲。	
	活动形式	1. 活动形式多样。 2. 注重儿童互动。	
	儿童参与度	1. 儿童参与度高。 2. 踊跃提问、争相发言。 3. 能有自己独立的见解。	
	活动组织	1. 讲座组织严密。 2. 讲座安排合理。	
	活动记录和资料保存	1. 记录及时、无误。 2. 各种记录保存完好。	

我校向来注重拓展学校第二课堂资源，其中科技教育系列活动是重要的拓展渠道，能开阔儿童的视野，提高科普常识。"'饮料王国'安全教育趣味讲堂""探索地球奥秘科普及地学知识"为主题的"地学科普公益讲堂""好奇电学堂""翻转课堂""伽利略斜面落体实验""有趣的科学讲堂"……这些活动不但普及了丰富的科普知识，传播了科学思想，开阔了儿童科学视野，还弘扬了科学精神。

四、创设"魔力科学节"，推进科学活动课程

"魔力科学节"是指创设以科普实践、科技创新为主题的特色科学节日。儿童对周

围世界具有强烈的好奇心和求知欲，这种好奇心和求知欲是推动儿童学习科学的内在动力，对其终身发展具有重要的作用。

（一）"魔力科学节"的实践操作

"快乐科普实践，点燃创新激情"是深井小学每年 11 月科技月的主题，科技教育系列活动拓展了学校第二课堂资源，开阔了儿童的视野，提高了科普常识。我校"魔力科学节"的活动安排如下：

1. 环保节能奇思妙想创意制作大赛。深井小学为响应政府大力倡导低碳环保、智慧生活的城市发展理念，激发同学们爱科学、学科学、用科学的积极性和创造性，促使同学们从小养成爱节约反浪费的良好习惯和美德，为建设资源节约型和环境友好型社会做出应有贡献，每年的国庆节期间，学校组织全校儿童联合家长开展"环保节能奇思妙想创意制作大赛"活动。同学们围绕主题，展开丰富的想象，利用月饼盒、包装盒等废旧物进行精心设计、精心制作，通过剪、贴、画、拼多种方式，有中心、有目的地向人们展示资源的可循环利用，让废旧物发挥全新的功能，达到宣传节能环保的目的。以各班为单位进行评选并选送优秀作品（数量不限）参与学校评比，然后进行为期一周的展览，全校儿童投票评选出最具创意的作品。

2. 科学幻想画创作大赛。每年的 11 月在全校开展以"绿色、科技、创新"为主题的儿童科学幻想画创作大赛，充分发挥孩子们的想象力和创造力，以班级为单位进行评选并选送优秀作品（数量不限）参与学校评比，优秀作品在校报上刊登。

3. 科技游园活动嗨起来。科技游园活动当天，孩子们见识了近 20 件集科学性、趣味性于一体的科普展品，如磁力转盘、人体导电、离心现象、穿墙而过、梵天之塔等，还观看了科技展板和大篷车上放映的科普电影。孩子们体验了一个个不可思议的现象后，纷纷向现场市科协的工作人员打听这一个个"为什么"，工作人员也很耐心地向小朋友们揭示一个个不可思议现象背后隐藏的科学知识。孩子们在听完科协小哥哥的介绍后，兴致勃勃地尝试操作那些仪器。有的同学认真地写下了自己的操作体验，有的同学组成一个小组,一边操作一边讨论着。经过这样的科技游园活动,同学们进一步了解科学,为未来的科学梦想埋下一颗小小的种子。

(二)"魔力科学节"的评价标准

通过丰富多彩的校园科学节活动,搭建科学文化平台,展示科学文化魅力。在生动活泼的活动中,让科学远离枯燥。"魔力科学节"相关的评价要求如下。(见表2-4-5)

表2-4-5　广州市黄埔区深井小学"魔力科学节"评价要求

评价体系	评价标准		评定等级
节日活动的策划	1. 具备实施的合理性。		
	2. 具备实施的可行性。		
	3. 活动过程是完整的。		
节日活动的表现	组织者	1. 积极组织协调各方参与人员。	
		2. 及时处理突发情况。	
		3. 及时对活动进行点评和反馈。	
	参与者	1. 能够全程参与。	
		2. 在参与的过程中获得对科学的新认识。	
		3. 在参与的过程中提高动手实践能力。	
节日活动的影响	1. 更新了参与人员的科学观念。		
	2. 参与人员养成了正确的科学态度。		
	3. 提升了参与人员的科学思维品质。		

创设魔力科学节日,有助于推进科学活动课程的开展,既继承和发扬了传统教育的优势,也顺应了课改的要求,丰富了课本内容之余,还给儿童提供了实践学习的机会,让儿童在实践中学习,在学习中探索和创新,在学习与实践中不断成长,培养儿童德、智、体、美、劳全面发展。

五、 推行"魔力之旅"，丰富儿童情感体验

"魔力之旅"是指我们学校以乡土乡情、发展创新为主线，推行"魔力科学之旅"，落实研学旅行的课程。

（一）"魔力之旅"的实践操作

2016 年 11 月 30 日教育部等 11 部门印发了《关于推进中小儿童研学旅行的意见》。结合实际，我校把研学旅行纳入学校教育教学计划，与综合实践活动课程统筹考虑，促进研学旅行和学校课程有机融合，为此，我校"魔力之旅"课程以开展红色革命传统、祖国美好河山、传统历史文化、现代科技发展四个主题为方向进行设计。

1. 红色革命传统。利用丰富的红色旅游资源，开展革命传统教育，并依据儿童的年龄特点、学科特点和教育培养重点，结合开展各种主题研学教育活动，如爱国主义教育、励志远足、爱心公益、安全演练、环境保护、志愿服务、缅怀革命先烈等专题研学旅行，达到实践体验教育、提升综合素质的目的。

2. 祖国美好河山。以特殊地区地理、地形、地貌考察，特殊地区动物、植物、生态专题探究为主线，让儿童用双手去触摸，用眼睛去观察，用智慧去思考，了解独具特色的地理文化，体验家乡的风土人情等，激发他们热爱祖国、热爱家乡、热爱自然、热爱生活的情感。

3. 传统历史文化。深井古村历史文化名人资源极其丰富，学校结合本土丰富的人文资源，体验非遗文化、民俗文化、饮食文化、名人文化、建筑文化等，让儿童在与平常不同的生活中丰富知识，树立正确的文化观念。同时，还可开展与友好学校交流互访等，领略不同地方的文化，开阔视野，提升文化修养。

4. 现代科技发展。在研学活动中，通过考察科学馆、博物馆，参观航海军舰，让儿童亲身走近科学，激发他们的好奇心和探究欲，发展他们对科学本质的理解，培养儿童形成良好的科学探究能力和科技实践创新能力。我校具体的"魔力之旅"课程设计项

目与具体实施过程如下。（见表2-4-6）

表2-4-6　广州市黄埔区深井小学"魔力之旅"课程设计项目与具体实施过程

项目	具体实施过程
黄埔军校小小讲解员	1. 与黄埔军校联合进行"小小讲解员"公益培训。 2. 小小讲解员风采展示并评奖。 3. 签订亲子讲解志愿者合约。
春秋季服务学习	1. 根据主题设置研学案。 2. 小组进行最高品质课程培训。 3. 研学后总结汇总。 4. 手抄报、模型设计。
"扬波大海，走向深蓝"	1. 参观世界海上公务执法舰艇最大的海监船——中国海警3901。 2. 了解先进的指挥控制系统，触摸高科技的防弹玻璃。 3. 认识维护我国海疆权益和领土的重要性，学习海洋科普知识。 4. 支持海洋公益行动，宣传海洋保护要从自己做起，从身边做起。
我是深井小导游	1. 古村历史文化内涵的学习、挖掘。 2. 培训小导游讲解古民居、宗祠、塔、文人等。 3. 实践、传承深厚的深井古村文化。
走进辛亥革命纪念馆	1. 了解辛亥革命的历史。 2. 写学习心得。
古村探秘之旅	1. "古风新韵"深井文化以及文人知识挖掘。 2. 写诗、《深井名人》明信片、出版书。 3. 校本课程开发。
中山公园观鸟行动	1. 学习与鸟有关的知识。 2. 参观鸟类。
广东科学中心长见识	1. 学习科学知识。 2. 参观模型。
点梦行动—— 环游大学城	1. 参观了解大学城。 2. 树立自己的目标。
青少年"展翅计划" 免费冬令营活动	1. 趣味英语课、文化体验课、美食手工课、音乐舞蹈课、趣味运动会、地球村等活动。 2. 通过歌舞和T台走秀等表演，全面展现他们在冬令营期间的学习所获。
隆平院士港之旅	1. 了解世界片区重点打造生态农业种植区的意义。 2. 了解院士农业科技实验园的现状与规划。

(二)"魔力之旅"的评价标准

为了更好地丰富孩子们的情感体验，促进儿童培育和践行社会主义核心价值观，激发儿童对党、对国家、对人民的热爱之情；推动全面实施素质教育，促进书本知识和生活经验的深度融合，具体的"魔力之旅"课程评价见表2-4-7。

表2-4-7　广州市黄埔区深井小学"魔力之旅"课程评价表

评价项目	评价标准	权重	得分
教育性	通过开展各种教育活动和儿童的亲身体验来实现综合育人目标。	15	
	以知识性目标、能力性目标、情感态度价值观目标和核心素养目标为落实的核心。	15	
实践性	培养儿童发现问题、分析问题和解决问题的能力。	15	
	促进儿童结合书本知识，亲自实践，完成从知识到能力的转化。	15	
融合性	有创造性地整合校内外教育资源。	10	
	多学科、跨学科整合资源。	10	
安全性	活动有安全预案。	5	
	行前有备案。	5	
	应急有预案。	5	
	制定安全手册，进行安全培训。	5	

最好的风景在路上，"魔力之旅"是科学基础课程的有力补充，也是培养儿童科学素养的新方式和新内容。

"魔力科学"课程以《义务教育小学科学课程标准(2017年版)》为依据，在认真贯彻国家课程目标的基础上，依据校情、学情、生情，积极开发拓展性课程。激发儿童科学兴趣爱好，丰富课本内容之余，还给儿童提供了实践学习的机会。让儿童在实践中学习，在学习中探索和创新，在学习与实践中不断成长，引领儿童在多维途径中探寻科学的魔力。

（撰稿人：欧丽萍　袁敏燕　李子凤　卢嘉琪）

第三章

多彩美术：走进丰富多彩的艺术世界

　　美术是多姿多彩的生活。我们以美学的名义构建美术活动，让儿童走进丰富多彩的美术世界，遨游在"多彩表现""多彩设计""多彩欣赏"和"多彩综合"中，引领儿童发现美术的绚丽多彩，以独特的灵感设计创作五彩斑斓的童真世界，在多彩体验中形成美术素养，发展观察力、想象力和创造力，提高审美品位和审美能力，形成创造美好生活的愿望与能力。

广州市黄埔区深井小学美术教研组现有教师 2 人,其中中小学一级教师 2 人。师资队伍优良,教师教学理念先进,专业基础扎实,教学经验丰富。我校秉承教育部《关于深化课程改革,落实立德树人根本任务的意见》《义务教育美术课程标准(2011 年版)》等文件精神,全面推进美术学科课程建设。

第一节　美术是多姿多彩的生活

一、学科性质观

美术以视觉形象承载和表达人的思想观念、情感态度和审美趣味,丰富人类的物质和精神世界。美术教育具有悠久的历史,近代以来,美术课程更以其丰富的教育价值被列入中小学课程体系中。当代社会的发展对国民的素质提出了新的要求,学习图像传达与交流的方法,形成视觉文化的意识和构建面向 21 世纪的创造力已成为当代美术课程的基本取向。美术课程应该在我国基础教育课程体系中发挥更积极的作用,为国家培养具有人文精神、创新精神、审美品位和美术素养的现代公民。[①]

美术课程以社会主义核心价值体系为导向,弘扬优秀的中华文化,力求体现素质教育的要求;以学习活动方式划分美术学习领域,加强学习活动的综合性和探索性,注重美术课程与学生生活经验紧密关联,使学生在积极的情感体验中发展观察能力、想象能力和创造能力,提高审美品位和审美能力,增强对自然和人类社会的热爱及责任感,形成创造美好生活的愿望与能力。[②]

[①②] 中华人民共和国教育部.义务教育美术课程标准(2011 年版)[S].北京:北京师范大学出版社,2012:1.

美术课程以对视觉形象的感知、理解和创造为特征，是学校进行美育的主要途径，是九年义务教育阶段全体学生必修的基础课程，在实施素质教育的过程中具有不可替代的作用。[1] 美术课程具有人文性、实践性、视觉性、工具性等，是人类文化的重要组成部分，也标示着美术是一种多彩的艺术。

二、学科课程理念

在不断的教学实践中，我校明确提出了"多彩美术"的学科理念，以多彩造就美术课堂，让学生主动参与到多彩的美术世界，开发思维，提高想象力，享受创作的思维过程，感受美术学科的魅力。

"多彩"在字典里的意思是分开解释的。"多"的解释为数量大，多姿，多层次，多角度等；"彩"的解释为各种颜色交织，如彩绘、彩笔、彩陶、彩灯等。而"多彩"组成一个词语，包含了多种意思，形容样子或颜色有很多种。因此，在美术中，"多彩"这个词语内涵非常丰富且运用广泛。它形容着美术，代表着美术，也表现着美术。它可以拥有各种颜色、形状和形式。它变化多样，让美术世界丰富多姿。

我校美术课程秉持"多彩美术"的学科理念，面向全体学生，适应学生个性化发展需要，强调让学生主动挖掘美术的多彩性，通过外部感知和视觉刺激，开发大脑，解放思维，逐渐提高学生审美能力，增强其对自然和生活的热爱以及责任感，丰富他们的情感。美术源于生活中的点点滴滴，生活又是多姿多彩的，于是美术也成为了一种多姿多彩的艺术，绚丽的颜色、变幻的姿态、视觉的冲突，明亮了我们的眼眸，照亮了我们的心灵，也充实了我们的生活。

---

[1] 中华人民共和国教育部. 义务教育美术课程标准(2011 年版)[S]. 北京：北京师范大学出版社，2012：1.

(一) 美术源于生活，是多彩的生活

"美术源于生活，为生活服务"。在美术教学中，要让学生从熟悉的生活情境和感兴趣的事物出发，把生活问题美术化、美术问题生活化，以此激发学生的学习兴趣，为学生提供观察和实践美术的机会。在生活中，让学生学会运用美术知识去解决生活中"多彩"的问题，培养美术素养，感受到美术作用于生活的乐趣。

(二) 美术是一种认知，是多彩的认知

感知觉是思维的必然前提。形象思维是一种重要的思维方式。在学校体系中，大多数课程都是建立在抽象符号的基础上，而美术课程则更多地让学生接触实际事物和具体环境，有利于发展学生的各种感知能力，从而为思维提供丰富的营养。美术课程能逐步培养学生的形象思维能力，提高学生的综合思维水平。这就造就了"多彩"的美术思维形式。

(三) 美术是一种灵感，是多彩的灵感

美是视觉艺术，我们要想让学生轻松快捷地获取知识，最好的方法是利用各种直观教学原理刺激学生的感官，调动他们的积极性，让他们感受到什么是"美"，刺激学生多方面的灵感，让学生最大限度地释放多彩的生命灵感。

(四) 美术是一种创造，是多彩的创造

从美术本身的特性来看，创造是美术的灵魂。可以说，没有创造就不会有美术。而美术作品的价值很大程度上是由独创性体现出来的。所以美术可以拥有多姿多彩的创造，丰富我们的精神世界。

(五) 美术是一种文化，是多彩的文化

美术是人类文化的造型载体，它反映着美术的历史、应用和发展趋势。美术对推动社会发展存在着一定的作用，并体现和反映着人类文化的变化与发展。同时艺术作

为文化的一个独特的组成部分，它在人类文化中的地位只是整个文化大系统中的一个子系统，必然从属和依附于文化大系统，并受到制约和影响。美术很好地承载了人类文化，同时文化也影响着美术，二者相辅相成，密不可分。

总之，美术是多姿多彩的，它可以是具体的形态，也可以是抽象的思维。它建设和超越自由精神，既与具体的形象相对，又是对具象的一种提炼和升华。它让艺术融入生活，融入思维，融入灵魂，活在当下。

第二节　在多彩体验中形成美术素养

《义务教育美术课程标准（2011 年版）》指出："实施义务教育阶段的美术教育，必须坚信每个学生都具有学习美术的潜能，能在他们不同的潜质上获得不同程度的发展。美术课程适应素质教育的要求，面向全体学生，选择基础的、有利于学生发展的美术知识和技能，结合过程和方法，组成课程的基本内容，并通过有效的学习方式，帮助学生逐步体会美术学习的特征，形成基本的美术素养，为终身学习奠定基础。"[①]基于美术学科核心素养的内涵，根据我校"多彩美术"提倡的课程理念，设置美术学科课程群目标，力求让每个孩子体验多彩美术活动，形成基本的美术素养。

一、学科课程总体目标

《义务教育美术课程标准（2011 年版）》指出的课程总目标是："学生以个人或集体合作的方式参与美术活动，激发创意，了解美术语言及其表达方式和方法；运用各种工

---

① 中华人民共和国教育部. 义务教育美术课程标准（2011 年版）[S]. 北京：北京师范大学出版社，2012：2.

具、媒材进行创作，表达情感与思想，改善环境与生活；学习美术欣赏和评述的方法，提高审美能力，了解美术对文化生活和社会发展的独特作用。学生在美术学习过程中，丰富视觉、触觉和审美经验，获得对美术学习的持久兴趣，形成基本的美术素养。"①"多彩美术"课程总体目标分为"多彩世界""多彩设计""多彩欣赏""多彩探索"四个学习领域目标。

（一）多彩造型

在教学中，让儿童观察、认识与理解线条、形状、色彩等基本造型要素，并能运用对称与均衡、节奏与韵律等形式原理进行造型活动，增进想象力和创新意识。通过造型活动，体验造型活动乐趣，培养艺术感知能力和造型表现能力。

（二）多彩设计

了解设计与工艺的基本程序，学会设计创意与工艺制作的基本方法，逐步发展关注身边事物、善于发现问题和解决问题的能力。能选择合适的媒材，合理使用工具和制作方法，进行初步的设计和制作活动，体验设计、制作的过程，发展创新意识和创造能力。在多彩设计中形成团结合作的团队精神。②

（三）多彩欣赏

感受自然美，了解美术作品的题材、主题、形式、风格与流派的多样性，了解重要的美术家和美术作品，以及美术与生活、历史、文化的关系，初步形成审美判断能力。学会从多角度认识与欣赏丰富多彩的美术作品，逐步提高视觉感受、理解与评述能力，初步掌握美术欣赏的基本方法，能够在文化情境中认识美术。对自然美、美术作品和美

---

① 中华人民共和国教育部. 义务教育美术课程标准(2011 年版)〔S〕. 北京：北京师范大学出版社，2012：6.

② 中华人民共和国教育部. 义务教育美术课程标准(2011 年版)〔S〕. 北京：北京师范大学出版社，2012：7.

术现象感兴趣,珍视优秀的民族、民间美术与文化遗产,增强民族自豪感,养成尊重世界多元文化的态度。[①]

(四) 多彩探索

进行形式多样的探索,了解美术各学习领域的联系,以及美术学科与其他学科的联系,将美术学科与其他学科融会贯通,提高综合解决问题的能力。认识美术与自然、美术与生活、美术与文化、美术与科技之间的关系,进行探究性、综合性的美术活动,激发探索未知领域的欲望,体验探究的愉悦与成功感。[②]

二、 学科课程年级目标

根据学生的身心发展水平,美术课程将义务教育阶段的小学美术学习分成三个学段,并结合四个学习领域分别设计课程内容与学习活动,从而形成依次递进、前后衔接的课程结构,适应不同年龄段学生在美术方面的情意特征、认知水平和实践能力的要求。根据《义务教育美术课程标准(2011 年版)》、小学美术教材和《教师教学用书》,我们分别拟定了一至六年级的课程目标。以下将以五年级为例进行说明。(见表 3 - 2 - 1)

表 3 - 2 - 1　广州市黄埔区深井小学五年级学科课程目标表

学期	单元	单元目标
上学期	第一单元	共同要求: 1. 尽情欣赏画家笔下的美好世界。 2. 仔细欣赏画家笔下的劳动者,了解画家塑造劳动者的形式和方法。

---

① 中华人民共和国教育部. 义务教育美术课程标准(2011 年版)[S]. 北京:北京师范大学出版社,2012:7.

② 中华人民共和国教育部. 义务教育美术课程标准(2011 年版)[S]. 北京:北京师范大学出版社,2012:7—8.

学期	单元	单元目标
		3. 谈谈对具体作品的感受，能用较准确的词语和较简练的语言表述自己的看法。 4. 体验自然美以及劳动改造世界、创造世界的力量。 校本要求： 1. 欣赏灰塑建筑工艺和灰塑艺术品，并产生制作兴趣。 2. 在灰塑作品的设计与制作实践中提高综合探究能力，增强对中华传统文化的热爱之情。
	第二单元	共同要求： 1. 运用绘画、剪刻、印染等多种装饰性表现的艺术手法，创造性地运用点、线、面、色的造型元素来表达不同的生活感悟和学习体验。 2. 培养观察生活、热爱生活的情趣；体验创意的设计构思带来的乐趣，从中享受成功的喜悦。 校本要求： 1. 了解国画并提升对国画的兴趣。 2. 掌握国画的执笔方法和用墨、用色方法。
	第三单元	共同要求： 1. 学会运用泥、纸、泡沫、塑料等多种媒材，创作动物、人物和景物等立体造型作品。 2. 通过欣赏民间彩塑和砖雕艺术，学习我国民间雕塑的相关知识，尝试塑造人物和动物雕塑造型。 3. 体验泥塑造型的乐趣，培养民间的审美兴趣和鉴赏能力。 校本要求： 1. 欣赏灰塑建筑工艺和灰塑艺术品并产生制作兴趣。 2. 在灰塑作品的设计与制作实践中提高综合探究能力，增强对中华传统文化的热爱之情。
	第四单元	共同要求： 1. 通过"正负图形的画面"和"奇思妙想"两课的学习，感受意象作品中虚实相生和奇思妙想的巧妙，引导创造性思维训练，体验设计与创意的乐趣。 2. 通过欣赏、体验、探究等过程，学习作品的设计思维，体验设计的乐趣。 校本要求： 1. 初步认知点、线、面、色，了解点、线、面之间的构成联系。 2. 体验各种材料绘画。
	第五单元	共同要求： 1. "呼唤环保小招贴"从美术技能角度教会学生如何绘制环保小招贴。 2. "环保小发明"从环保角度让学生来关心身边的社会与生活。

学期	单元	单元目标
		3. 通过创意设计进行环保宣传；引导学生关注环保行动。 4. 从环保角度关心身边的社会与生活，培养环保意识。 校本要求： 1. 欣赏灰塑建筑工艺和灰塑艺术品并产生制作兴趣。 2. 在灰塑作品的设计与制作实践中提高综合探究能力，增强对中华传统文化的热爱之情。
	第六单元	共同要求： 1. 围绕几种不同的民间艺术样式，引导探究其艺术特点，实践艺术表现手法。 2. 通过欣赏、探究、学习用绘画的方法表现家乡的艺术样式。 3. 领会民间艺术文化内涵与艺术魅力。 校本要求： 1. 尝试用树叶、废旧物品，运用拼贴的方法，拼贴成一幅有创意的儿童画。 2. 感受创意拼贴想象、创作和展示的乐趣。
下学期	第一单元	共同要求： 1. 欣赏感受中国和外国美术作品中的人物造型及情感表现。 2. 初步了解美术作品相关历史知识及艺术美。 3. 通过欣赏，充分感受中外美术作品中人物的丰富情感及精神状态。 4. 能用简单的美术术语表达自己的感受与理解。 5. 通过欣赏、感受，从中了解美术语言的巨大表现力和艺术是无国界的，培养学生的审美能力。 校本要求： 1. 欣赏灰塑建筑工艺和灰塑艺术品并产生制作兴趣。 2. 在灰塑作品的设计与制作实践中提高综合探究能力，增强对中华传统文化的热爱之情。
	第二单元	共同要求： 1. 认识美术作品与社会生活的密切关系。 2. 理解不同美术类别反映社会与生活的不同手法。 3. 体验用手绘、制作等方法反映社会和生活细节。 4. 在欣赏与评述过程中，感受画家的思想情感。在体验和创作的过程中，尝试和学习表现手法的多样性。 5. 激发爱祖国、爱家乡的情感，培养热爱和平、关心他人、尊重他人的思想情感。 校本要求： 1. 了国画并提升对国画的兴趣。 2. 掌握国画的执笔方法和用墨、用色方法。

学期	单元	单元目标
	第三单元	共同要求： 1. 学习透视、质感等基础知识,感受线条与色彩的情感表现。 2. 感受写意与抽象绘画作品的特征。 3. 尝试利用线条、色彩,表现物体的立体感和空间感和表面特征,体验绘画活动的乐趣和成功感,增强动手绘画的能力。 4. 通过欣赏、体验与尝试,养成勤于观察生活,善于表现生活,勇于创造美好生活的情感。 5. 积极观察,主动探索,互相交流,勤于表现,养成科学的学习方法和正确的学习态度。 校本要求： 1. 欣赏灰塑建筑工艺和灰塑艺术品并产生制作兴趣。 2. 在灰塑作品的设计与制作实践中提高综合探究能力,增强对中华传统文化的热爱之情。
	第四单元	共同要求： 1. 了解构成艺术的主要门类。 2. 学习色彩构成、平面构成和立体构成的基础知识。 3. 运用对比与和谐、对称与均衡、节奏与韵律等形式原理以及不同的材料和方法,体验和尝试艺术构成设计,并以美化生活与环境。 4. 形成初步的设计意识。 5. 培养创新能力,与他人交流设计意图。 校本要求： 1. 进一步认知点、线、面、色,了解点、线、面之间的构成联系。 2. 体验各种材料绘画。
	第五单元	共同要求： 1. 学习折、剪、切、翻转、插接等制作方法。 2. 运用对比与和谐、对称与均衡、节奏与韵律等形式原理,设计纸立体造型与物品。 3. 体验设计、创作、变化的乐趣。 4. 学习与感知艺术设计改善环境与生活的意义,并与他人交流设计意图。 校本要求： 1. 欣赏灰塑建筑工艺和灰塑艺术品并产生制作兴趣。 2. 在灰塑作品的设计与制作实践中提高综合探究能力,增强对中华传统文化的热爱之情。
	第六单元	共同要求： 1. 用联动拉杆制作移动式群居动物模型。 2. 学习彩车模型的制作。 3. 培养创新思维和动手能力。

续表

学期	单元	单元目标
		4. 在尝试和探索中，掌握联动拉杆的活动原理和动物群居习态；在欣赏评述中，感受节庆中的彩车艺术，在探究实践中发展设计思维。 5. 感受合作学习的快乐，体验美术与科技、美术与自然的关系，养成科学探究的学习习惯。 校本要求： 1. 掌握尝试用树叶、废旧物品，运用拼贴的方法，拼贴成一幅有创意的儿童画。 2. 感受创意拼贴想象、创作和展示的乐趣。

总之，我们根据《义务教育美术课程标准（2011年版）》、小学美术教材和教学参考书，从知识与技能、过程与方法、情感态度价值观三个维度分别拟定了一至六年级的课程目标。

第三节　以美学的名义构建美术活动

"美术教育是以美术学科为基础的教育门类。其目的主要是为满足人类社会经济、生活、文化、精神的需要，延续和发展美术的知识和技巧，健全人格，形成人的基本素质和能力，促进人的全面发展。它注重传承文化，培养和谐、健康的审美个性；关注美术作品和美术语言的理解和表现，促进学生知觉与形象思维能力的发展；强调实践性、创造性、延伸性，促进创新精神和技术意识的形成。"[①]为了建立本学科目标，依据"多彩美术"课程基本理念，在实施基础课程的同时，聚焦"多彩美术"课程目标，开发丰富的拓展课程，构建相互补充、相互促进的课程体系，以美学的名义构建美术活动，促进儿童素质发展，适应学生个性发展的需求。

---

① 戴立德. 艺术·人文·科技与创新教育—谈美术课程的改革与美术创意课例[J]. 岭南美术出版社，2013：11.

一、学科课程结构

《义务教育美术课程标准（2011 版）》指出："美术课程改变单纯以学科知识体系构建课程的思路和方法，从促进儿童素质发展的角度，根据美术学习活动方式划分为造型·表现、设计·应用、欣赏·评述和综合·探索四个学习领域。美术课程架构，以课程标准为基石，以审美教育为基础，最终达成人文性和工具性的统一。"①"多彩美术"课程依据课程标准，秉承学科课程哲学，结合儿童的年龄发展特点以及我校的育人目标自主开发，具体分为"多彩造型""多彩设计""多彩欣赏"和"多彩探究"四大板块。（见图 3 - 3 - 1）

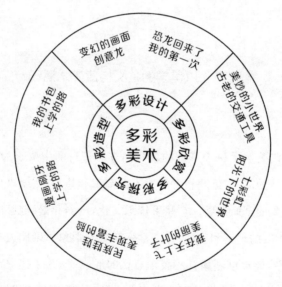

图 3-3-1 广州市黄埔区深井小学"多彩美术"课程结构图

具体描述如下：

---

① 中华人民共和国教育部. 义务教育美术课程标准（2011 版）[S]. 北京：北京师范大学出版社，2012：1.

多彩造型。内容为画大的场面、能用画笔表现观察到或想象到的小物象、百果树、玩具等，开设的课程有"美妙的小世界""百果树""肚子里的故事"等。开设"多彩表现"相关联的拓展课程，是美术学习的基础，其活动方式更强调自由表现，大胆创造，外化自己的情感和认识。

多彩设计。内容为设计一个变幻的活动的画面、创意龙、大海怪等，开设的课程有"变换的画面""神奇的大海怪""创意龙"等。开设"多彩设计"相关联的拓展课程，包括设计和工艺学习内容，既强调形成创意，又关注活动的功能和目的。

多彩欣赏。内容为欣赏黄花、蝈蝈、牧牛、野趣等，开设的课程有"美妙的小世界""可爱的水墨昆虫""干草垛"等。开设"多彩欣赏"相关联的拓展课程，注重通过感受、欣赏和表达等活动方式，内化知识，形成审美心理结构。

多彩探究。内容为用树叶制作、撕纸贴画、拓印人物表情等，开设的课程有"有趣的吊饰""我的好邻居"等。开设"多彩综合"相关联的拓展课程，与"多彩造型""多彩设计""多彩欣赏"、其他学科、美术与社会等方面综合的活动，旨在发展学生的综合实践能力和探究发现能力。

二、　学科课程设置

"多彩美术"课程横向以造型、设计、欣赏和综合为内容，纵向以年级学段分布。具体课程设置如下：（见表 3 - 3 - 1）

表 3 - 3 - 1　广州市黄埔区深井小学"多彩美术"课程设置表

年级学期	课程	多彩造型	多彩设计	多彩欣赏	多彩探究
一年级	上学期	壮观的大世界	变幻的画面	美妙的小世界	有趣的吊饰
	下学期	快乐的小鸟	神奇的大海怪	七彩虹	我在天上飞
二年级	上学期	我的玩具伙伴	恐龙回来了	民间玩具世界	美丽的叶子
	下学期	我们爱吃的水果	象形文字的联想	画家眼中的儿童	民族娃娃

续表

课程 年级学期		多彩造型	多彩设计	多彩欣赏	多彩探究
三年级	上学期	肚子里的故事	雨来了	可爱的水墨昆虫	漂亮的"高楼"
	下学期	上学的路	壮观的高架桥	古老的交通工具	表现丰富的脸
四年级	上学期	如意吉祥民间美术	我的第一次	瓶子的化装舞会	泥板植物浮雕
	下学期	我的书包	拓印的魅力	小桥、流水、森林	趣味纸笔插
五年级	上学期	漫画刷牙	美丽的瓶花	阳光下的世界	呼唤环保的小海报
	下学期	烽火岁月	画出立体感、 空间感	中国美术作品中 人物的情感表现	重复与渐变
六年级	上学期	写意动物（一）	创意的龙	源远流长的 古代美术	生肖邮票
	下学期	欧洲大陆之旅	再见了，母校	神州大地之旅	会跳舞的鸟

第四节　引领儿童展现美术的绚丽多彩

以《义务教育美术的课程标准（2011 年版）》为依据，在认真贯彻国家课程目标的基础上，根据学校和学生的实际情况开发拓展的多彩课程，不仅能激发儿童美术兴趣爱好，丰富课本内容，还给儿童提供了更多学习的机会。让儿童在实践中学习，在学习中探究，更好地落实"多彩美术"的教学目标，提高儿童的艺术品味，丰富了多姿多彩的校园生活，使我们的课堂变得更精彩。我们主要从多彩课堂、多彩课程、多彩社团、多彩节日、多彩之旅五个方面，去引领儿童展现美术的绚丽多彩。

一、建构"多彩课堂"，激发儿童学习兴趣

我校根据美术学科的特点，建构"多彩课堂"，推进美术学科的核心课程。多彩课

堂充分调动儿童学习的兴趣,创设轻松愉快的学习环境,让儿童主动地学习,用多彩的画笔描绘五彩缤纷的世界,从多彩造型、多彩欣赏、多彩设计、多彩探究四方面去实施教学,使儿童的观察能力、欣赏能力、创新思维能力、动手能力、语言表达能力都得到很好的发展。

1. 激发儿童的学习兴趣。美术专家蔡克振说:"世界上没有比能从事自己喜爱的专业更令人快乐的事了。"可见兴趣对儿童的学习很重要。为了提高学生的学习兴趣,我们"多彩课堂"主要采用:(1)录像、视频、幻灯片等现代多媒体,辅助美术教学。(2)科学设置问题导入新课。例如:课堂上老师问:"同学们,小美今天穿的裙子真漂亮,你会画出来吗?"儿童大声说:"老师,我不会画,您教我们画吧!"顺着儿童的思路,直接引出新课题,让儿童在轻松愉快的气氛中进入绘画学习状态。(3)让儿童多角度观察事物,使他们更深入、更全面地了解事物的特点,发现生活中的美好。(4)让儿童用五颜六色的色彩描绘生活,让强烈色彩的冲击力感染到每一个人,外化个人的情感和认知,张扬他们的个性。

2. 多彩教学。我们教学中采用灵活多样的教学方法。通过多彩欣赏的方法,用美丽生动的画面,让儿童在视觉享受中感受到美;通过比较和讨论的方法,让儿童从中发现美;通过情感沟通的方法去感受美,感受到温暖;通过小组分工合作的方法,让儿童学会团结互助;通过启发诱导的教学方法,充分调动儿童学习的积极性,让儿童学会自主学习做学习的主人;通过教师示范的教学方法,让儿童掌握绘画技法。现代化的多媒体教学为辅助手段,多方面搜集美术素材,丰富课堂教学内容,多角度拓展儿童视野,让我们的美术课堂充满活力。

3. 多彩欣赏。美的事物就在身边,很多时候儿童发现不了。在教学中让儿童学会欣赏美。我们根据儿童的不同年龄阶段不同的美术素养及掌握的美术理论知识的多少,进行多角度、多层次欣赏。低年级儿童,以卡通画、白描、黑白画、漫画等来欣赏,中年级、高年级的儿童以设计创意画、手工作品图、素描画来欣赏,形成儿童健康的审美情趣和视觉感受,引导儿童从熟悉的生活中走出去,寻找新奇的东西,提高学生对美术作品和美术现象的兴趣。

4. 多彩表现。儿童在掌握绘画的理论知识和技能技法时，感受不同的材料带来的构想。根据创作意图，选择合适的绘画工具来描绘多彩的世界，让儿童放飞艺术的梦想。表现方法自由，可以采用自主的表现，也可以合作表现。具体表现形式如：具象表现、抽象表现、线描绘画、黑白画、彩绘、点绘等，对提高儿童绘画的技能有很大的作用。

5. 多彩探究。我们创设儿童熟悉的学习情境，展示儿童喜欢的艺术场景，让儿童通过观察、比较、调查等方法，加深他们对事物的印象和对生活的理解，从而更好地进行自主学习和探究学习。探索丰富的课程，例如：欣赏课、设计创作课、拼贴课、手绘课、讲评课、手工制作课等，让教学课程丰富多样。

二、打造"多彩课程"，强化艺术特色

在学校课程教育不断变革的时代里，我校"多彩课程"以《义务教育小学美术课程标准（2011 年版）》为依据，在认真贯彻国家课程目标的基础上，结合本校的实际情况及社会资源，积极开发创新课程，丰富课本内容，激发儿童学习美术的兴趣。我校开设了渲染泼墨、美妙涂鸦、灰塑等美术拓展课程，课程的设置具有多样性和特色性。儿童通过自主选择不同的课程，发展自己的个人爱好和特长，张扬个性，放飞艺术梦想。我们从以下几方面实施：

1. 拓宽领域。多彩课程在教学内容上向美术多个领域延伸，丰富美术课本的知识。儿童在欣赏、练习、探讨、综合运用中，打好基础，提升艺术修养。本校实施的课程有民间灰塑、书法、国画等，儿童利用课外时间多学习相关学科知识，了解课本上没有的内容。我校是席殊写字教材的实验学校，借助学校的席殊校本教材指导孩子习字修身。儿童到社区、深井古村考察古村蕴藏的历史文化、建筑装饰、风景古迹，同时补充科学、历史、地理、社会等多学科知识能源，实现跨学科资源整合。

2. 体验生活。儿童走出校园，走进科技园、博物馆、海军军舰、陈家祠古建筑、深井古村等，让儿童体验人文科技、非物质文化遗产、民俗文化和建筑文化。学校还开展

了与外校交流互访等活动,领略不同地方的文化特色,开阔了儿童的视野,培养了他们的好奇心和探究欲。

3. 鉴赏与评比。多彩课程里,学校要求社团作品上交,教师及时对作品进行评比,儿童的作品能得到有效的展示和分享。这对儿童的成长具有积极的意义,不仅提高儿童的自信心,还让儿童对美术的多种艺术形式产生兴趣,对传统的艺术传承和创新都有很大的帮助。

三、 创设"多彩社团",拓展艺术修养

"多彩社团"是指依据我校并美课程体系,培养孩子带得走的艺术能力,在一至六年级开展社团活动,为孩子提供个性发展的空间。为了更好地推动艺术文化的发展,通过社团活动,让儿童的个性从多方面、多渠道、深层次发展,培养儿童团结合作的习惯,营造更好的学习氛围。我们将多彩欣赏、多彩设计、多彩表现、多彩探究等内容运用到各个社团中。我校主要设立了国画艺术、创意拼贴、书法艺术、灰塑艺术等社团。社团活动通过选修课形式定期开展,既可以把课堂教学作为基础,又可以辅助和延伸课堂教学,充分体现美术学习的社会化。

1. "国画社团":教师教儿童学习国画时,教会学生如何概括生动地表现具体事物,用简练概括的方法去抓住物体的特征,培养儿童整体观察事物的习惯,国画作品不仅色彩斑斓,而且要有新意。通过临摹、创意小练笔去作画,在学习实践的过程中,运用分析、比较、思考等技法去创作,培养了儿童善于思考和勤于动手的习惯。

2. "创意拼贴社团":在创作"创意拼贴"前,让儿童把学习理论与练笔的方式相结合,运用剪、画、粘贴等方法制作。"美妙涂鸦"的社团,让儿童认识点、线、面,发现它们之间构成的联系,去尝试不同的绘画工具、不同的绘画形象进行涂鸦创作的小练笔。儿童有的设计思维导图,有的创作科学幻想画,有的橡皮泥粘贴加绘画,提高了儿童的绘画技能,培养了自主学习的习惯。

3."书法艺术社团"：学校开设了硬笔书法和毛笔书法两种，主要是学习毛笔书法。首先让儿童学会运笔技巧（中锋、侧锋、顺锋、逆锋等）笔法，接着教师根据学生的特点，选择他们喜爱的书法类别，有的学楷书，有的学行书，有的学隶书，老师耐心教导，因材施教，学生的书法技能进步很快，学校还定期评选出"校园小小书法家"。书法社团文化的传播，为校园的文化建设奠定了基础。

4."灰塑社团"：为了继承传统工艺，打造学校的艺术特色，学校对引进的灰塑课程非常重视，专门邀请有关专家亲临学校指导，有计划、有步骤地传承灰塑传统艺术。2008年6月7日，灰塑艺术经中华人民共和国国务院批准列入第二批国家级非物质文化遗产名录，遗产编号为Ⅶ-87。灰塑艺术是岭南传统建筑装饰艺术，是中国非物质文化遗产和民间工艺瑰宝。灰塑艺术画制作过程较复杂，因此学校只在四至六年级开设灰塑课程，通过欣赏和制作，让儿童对灰塑的建筑工艺和灰塑艺术品产生兴趣。在灰塑作品的设计与制作实践中提高探究能力。社团活动如下：参观深井古村、陈家祠、南海神庙等具有灰塑装饰的建筑景观。参观广州灰塑研究院，并开展灰塑制作的亲子活动。融合STEM教育理念自主设计，并设立广州灰塑研究院院长"刘娟工作室"。在教学内容的选择上，纹饰适合儿童的年龄特点，制作的纹饰选择儿童比较感兴趣的图案，如：卡通人物、卡通动物和植物。在教学过程中，教师注重对儿童技法的传授，手把手教授儿童灰塑技艺。灰塑作品成型后，在班内交流、互评和师评，并公开展示社团优秀作品。在灰塑作品的设计与制作实践中，培养了儿童对社团课程学习的兴趣，提高了儿童的综合探究能力，加深了儿童对中华传统文化的热爱之情，让我们的传统岭南艺术在学校得到传承。

四、创设"多彩艺术节"，丰富校园艺术生活

为了全面深化素质教育，活跃校园文化氛围，提高师生审美情趣，更好地发挥学生特长，"多彩艺术节"给学生搭建了一个施展艺术才华的舞台，倡导健康向上的文化活动，促进儿童美术素质的全面发展。学校每年在传统节日里都会举行艺术节活动。中

国传统节日是优秀历史文化传播和传承的重要载体,在节日里儿童把自己最美的设计、最漂亮的画卷展示出来,让我们学校变得色彩缤纷。"多彩美术节"充分反映了我们学校的儿童热爱祖国、积极向上的精神风貌,展示了我校高雅、丰富的审美追求,努力培养儿童成为明晃晃、活泼泼、水灵灵、亮堂堂的有为少年,促进儿童美术素质的全面发展。

每年在清明节、端午节、中秋节等传统节日举行手工制作或手抄报活动,并进行优秀手抄报展示,灰塑精美作品展示和有创意的卡通动物展示。每年元旦,学校举行"井美杯"多彩艺术节活动,形式灵活,内容丰富。节日前夕,美术教师及时引导儿童以小组合作的方式,查找整理相关节日资料。举行节日活动之后,及时引导孩子分享个人的感受。具体做法如下:

1. 百人书法现场比赛。比赛分为毛笔、硬笔、国画,三组同时进行。在比赛现场,参赛选手们个个坐姿端正,神情专注。小书法家们用心书写展现书法之美,书写内容为所学的古诗。小画家们描绘笔墨的韵味,挥毫泼墨尽显深井学子才华。书法艺术,践行学校每日目标"写好字、习好武、读好书、做好人",提高学生的书写质量、书写兴趣,促进校园文化建设,传承民族优秀文化,提升学生书写技能,培养审美趣味,陶冶情操修养。

2. 手工制作。编织彩带、剪纸(花卉、动物)等现场表演,学生在热烈紧张的气氛中完成制作,教师及时给予评奖,奖励分一、二、三等奖。充分展现儿童勤于探索、敢于创新的学习态度。

3. 作品展示,举办学生灰塑优秀作品展、优秀手抄报展,吸引孩子们驻足欣赏。

在"多彩艺术节"中,展现了儿童的艺术特长,提高儿童的审美能力,使儿童更深刻地理解艺术与社会生活的关系,让他们真正体会到"多彩"艺术特色。艺术节营造出浓厚的艺术学习氛围,深受儿童欢迎,对培养儿童对美术长久的兴趣和活跃校园艺术生活有积极的推动作用。

五、"多彩之旅"，实现多样探究

"多彩之旅"是指我们学校落实研学的旅行课程。它以欣赏传统艺术为主，增强儿童团队合作意识和探究能力。"多彩之旅"以学习革命传统和传统历史文化两个主题进行规划，由学校统一组织，走出去学习，既能开阔儿童视野，又能激发他们热爱祖国和家乡的热情。"多彩之旅"以观看的景物为基础，让儿童主动思考，积极去创作表现。我校教师积极利用各种资源，结合儿童的实际情况，从探索社会与历史文化、红色革命传统、传统文化和现代科技发展几方面设计，达到提高儿童美术素养，增强儿童团队合作意识，培养探究创新能力的目的。

1. 红色革命传统。利用学校周边丰富的红色旅游资源，并依据儿童的年龄特点、学科特点，结合开展各种研学活动，组织儿童学画英雄人物形象。如爱国主义教育、缅怀革命先烈等专题旅行，达到实践体验的教育目的。

2. 传统历史文化。走进深井古村，搜寻丰富的历史文化资源。如：欣赏历史文化名人，学习丰富的人文资源。体验非遗雕塑艺术、民俗文化建筑艺术等，让儿童树立爱护古代遗产，尊重传统文化艺术的观念。同时，我校还可开展与友好学校交流互访等，探索不同地方的文化特色，体验家乡不同的风土人情等，激发他们热爱祖国乡土的情感。

3. 现代科技展。在活动中，考察科学馆、参观航海军舰、参观无人机试验基地等，让儿童亲身走近科学，激发他们的好奇心和探究欲，提高他们的综合素质。（见表3-4-1）

表3-4-1　广州市黄埔区深井小学"多彩之旅"旅游项目和实施表

旅行项目	具体实施过程
黄埔军校	1. 参观黄埔军校旧址、军校博物馆。 2. 绘画军人风采，展示，评奖。
环游大学城	1. 参观大学城，观看大学的校园美景，了解大儿童的学习和生活，进行摄影制作设计。儿童开阔了眼界，树立自己远大的目标。 2. "环游大学城"绘画、摄影展示。

续表

旅行项目	具体实施过程
海上参观	1. 参观世界海上公务执法舰艇最大的海监船——中国海警 3901。 2. 了解先进的指挥控制系统，触摸高科技的防弹玻璃。 3. 认识宽阔的大海以及我国海疆权益和领土的重要性。 4. 做"海上参观"手抄报并展示。
深井小导游	1. 古村历史文化内涵的学习，挖掘题材，进行绘画创作。 2. 深井景点拍摄、绘画并展示。
走进辛亥革命纪念馆	1. 了解辛亥革命的历史。 2. 通过你看到的红色革命基地，记忆最深刻的人或武器画一幅美术作品。
参观广东科学中心	1. 参观广东科学中心模型，学习科学知识，增长见识。 2. 拍摄比赛。

总之，多彩课程群的建设，实质是以优质的学科课程为载体，打造学科课程教学典范，帮助儿童拓展想象空间，激发探索未知领域的欲望，体验探究的愉悦特色。"多彩课程"立足传统，展望未来。它与深井小学的多彩文化融为一体，传授美术知识和技巧，帮助儿童健全人格，形成人的基本素质和能力，展现儿童的风采，促进人的全面发展。

（执笔人：陈彩娣 凌雨铿 杨晶 马莉林）

第四章

纯真思政：把美好种进儿童的心田

"敬教劝学，建国之大本；兴贤育才，为政之先务。"道德与法治课程，成为儿童心灵的守护者，以人为本，塑造儿童良好的品质和健康人格；道德与法治学习，远离喧嚣，回归生活，回归"立德树人"的初心。让儿童在和谐自然中绽放个性，润泽心灵，实现课程与教学变革的美好期待：把美好种进儿童的心田。

广州市黄埔区深井小学思政教研组共有教师 10 人，教师教学理念先进，专业基础扎实，教学经验丰富。现根据中华人民共和国教育部制定的《关于深化课程改革，落实立德树人根本任务的意见》《义务教育品德与生活课程标准(2011 年版)》《义务教育品德与社会课程标准(2011 年版)》《义务教育思想品德课程标准(2011 年版)》等文件精神，全面推进我校思政课程群建设。

第一节　在儿童心里埋下真善美的种子

《义务教育品德与社会课程标准(2011 年版)》指出："品德与社会课程旨在培养学生的良好品德，促进学生的社会性发展，为学生认识社会、参与社会、适应社会，成为具有爱心、责任心、良好行为习惯和个性品质的公民奠定基础。"[1]道德与法治课程教育坚持育人为本、德育为先，必须加强思想政治教育、品德教育，加强社会主义核心价值观教育，引导儿童自尊自信自立自强，扣好人生第一粒扣子。基于这种认识，我们树立以下道德与法治学科性质观与课程理念。

一、学科性质观

道德与法治是一门以小学儿童的生活为基础，以培养具有良好品德与行为习惯、乐于探究、热爱生活的儿童为目标，以儿童良好品德形成为核心，促进儿童社会发展的活动型综合课程。[2] 具有如下基本特征。

---

① 中华人民共和国教育部.义务教育品德与社会课程标准(2011 年版)[S].北京：北京师范大学出版社,2012：6.

② 中华人民共和国教育部.义务教育品德与生活课程标准(2011 年版)[S].北京：北京师范大学出版社,2012：2.

（一）生活性

道德与法治课程以儿童的生活为宝贵的课程资源。课程学习本身是儿童生活的组成部分，是儿童在教师指导下真实体验生活、主动参与生活、创造生活的过程。道德与法治课程遵循儿童生活的逻辑，以儿童生活中的需要和问题为出发点；以儿童的现实生活为课程内容的主要源泉；以用正确的价值观引导儿童在生活中发展、在发展中生活为课程的基本追求。

（二）活动性

道德与法治课程超越单一的书本知识的传递和接受，以活动为"教"和"学"的基本形式。课程的呈现形态主要是儿童直接参与的各种主题活动、游戏或其他实践活动；课程目标主要通过儿童在教师指导下的活动过程中的体验、感悟和主动建构来实现。

（三）综合性

道德与法治课程以儿童的生活为基础，具有综合性。课程设计体现儿童与自然，儿童与社会，儿童与自我、社会环境、社会生活和社会关系的内在整合；课程内容体现品德教育和生活教育，品德和规则教育，爱国主义、集体主义和社会主义教育，历史与文化、国情教育，地理和环境教育，生命与安全教育，民族团结教育等的有机融合；教学活动体现儿童的生活体验与道德体验，知识学习与社会参与、问题探究等彼此渗透和相互促进，从多角度、多层面引导儿童去理解、认识自我、他人和社会，并以此为基础形成基本的道德品质，实现生活、教学、发展的三位一体。

（四）开放性

道德与法治课程面向儿童的整个生活世界。教学目标随着儿童生活及活动过程的变化和需要不断调整，有弹性地吸纳鲜活的社会生活事件；教学内容从教科书扩展到儿童生活的各个方面；课堂从教室扩展到家庭、社区以及儿童的其他生活空间；教学时间在与学校其他活动或学科的配合和联结中灵活而弹性地延展；课程评价走向开放、多元,全面关注儿童丰富多彩的体验和个性化的创意与表现。不以单一指标评价儿童的发展,评价不仅关注学习结果,更重视学习过程和日常行为。

(五) 实践性

道德与法治课程学习是知与行相统一的过程,注重儿童在体验、探究和问题解决的过程中,形成良好道德品质,实现社会性发展。课程设计与实施注重联系儿童的生活实际,引导儿童在实践中发现和提出问题,在亲身参与丰富多样的社会活动中,逐步形成探究意识和创新精神。

二、 学科课程理念

《义务教育思想品德课程标准(2011 年版)》指出:"帮助学生过积极健康的生活,做负责任的公民是课程的核心。学生正处于身心发展的重要时期,自我意识和独立性逐步增强,帮助学生形成良好品德,树立责任意识和养成积极的生活态度,对学生的成长具有基础性的作用。思想品德课程的任务是引领学生了解社会、参与公共生活、珍爱生命、感悟人生,逐步形成基本的是非、善恶和美丑观念,过积极健康的生活,做负责任的公民。"[①]依据我校"井养课程"的基本理念,我们提出了"纯真思政"的基本要求。"纯真思政"立足教材,注重儿童生活性、活动性、综合性、开放性、实践性,是真正体现儿童主体性的课堂,具有本真、丰富、和谐、灵动、超越的特点。根据部编教材编写特点,按照儿童生活路径,利用他们已有的生活经验,遵循儿童成长与发展的生活逻辑和认知规律,创设情境和机会,使儿童在亲历的过程中理解并建构知识、发展能力、产生情感、生成行为,朝着"把美好种进儿童的心田"的核心目标迈进,让儿童心里埋下真善美的种子。

---

① 中华人民共和国教育部. 义务教育思想品德课程标准(2011 年版)[S]. 北京：北京师范大学出版社, 2012：2.

（一）引导儿童热爱生活、参与社会、学会关心、学会做人、积极探究是课程的核心

道德与法治课程特别关注每一个儿童的成长。以社会主义核心价值体系引导儿童在体验自身生活和参与社会生活的过程中，学会热爱生活、创造生活，丰富儿童的社会认识和内心世界；在服务自我、他人和集体的行动中，学会关心、学习做人，健全儿童的人格；在与自然以及周围环境的互动中，主动探究，发展创新意识和实践能力，使他们能够以积极的生活态度参与社会，成为有爱心、有责任心、有良好行为习惯和个性品质的人。

（二）珍视童年生活的价值，尊重儿童的权利，儿童的生活及其社会化需求是课程的基础

童年是一个蕴藏着巨大发展潜力的生命阶段。童年生活具有不同于成人生活的需要和特点，它本身蕴藏着丰富的发展内涵与价值。而学校生活是童年生活的重要组成部分，参与并享受愉快、自信、有尊严的学校生活是每个儿童的权利。道德与法治课程注重儿童生活的价值。儿童的品德与社会性发展源于他们对生活的认识、体验和感悟，儿童的生活对本课程的构建具有重要价值。课程必须贴近他们的生活，反映他们的需要，让他们从自己的世界出发，用自己的眼睛观察社会，用自己的心灵感受社会，用自己的方式探究社会，并以此为基础，充实儿童的生活。

（三）道德存在于儿童的生活中，德育离不开儿童的生活，提高德育的实效性是课程的追求

道德寓于儿童生活的方方面面。儿童品德的形成源于他们对生活的体验、认识、感悟与行动。只有源于儿童实际生活和真实道德冲突的教育活动才能引发他们内心的而非表面的道德情感，真实的而非虚假的道德认知和道德行为。良好品德的培养必须在儿童的生活中进行。道德与法治课程强调必须从儿童发展的现实和可能出发，提高德育的实效性。教学要因地制宜地营造有利于儿童品德和行为习惯养成的学习环境，选取儿童生活中真实可信的生动事例，采用儿童乐于接受的生动活泼的方式，帮助他们认识和解决现实生活中的问题，使教学成为儿童体验生活、道德成长的有效过程。

（四）让教与学植根于儿童的生活

儿童的知识是通过其在生活及活动中的直接体验、思考、积累而逐步建构起来的；儿童的发展是其怀着对生活的热爱，通过参与丰富多彩的生活实践，与外部环境积极互动而逐步实现的。课程必须植根于儿童的生活才会对儿童有意义，教学必须与儿童的生活世界相联系才能真正促进儿童的成长。

"纯真思政"是在我校"把美好种进儿童的心田"的课程理念下建立的特色课堂。课堂上，道德与法治课程将纯真、善良、感恩、责任等美好品质种进儿童的心田。"纯真思政"回归到儿童的生活，也就是回归生命，以儿童的经验为起点，在进行生活教育的同时自然地进行品德教育，使儿童重新成为生活的主体。

第二节　让良好行为在儿童心中生根发芽

良好品德是健全人格的根基，是公民素质的核心。小学阶段是儿童从幼儿生活向小学生活过渡并逐步适应学校生活的重要时期，也是儿童品德和行为习惯、生活态度、认知能力发展的重要时期。"纯真思政"课程是根据社会与时代发展的需要和儿童身心发展的特点设置的，旨在以正确的价值观引导儿童更好地适应学校生活，形成良好的品德和行为习惯，在充满探究与创造乐趣的童年生活中，为学会生活、学会做人打下基础。

一、学科课程总体目标

《义务教育思想品德课程标准（2011 年版）》指出："思想品德课程以社会主义核心

价值体系为导向,旨在促进学生正确思想观念和良好道德品质的形成与发展,为使学生成为有理想、有道德、有文化、有纪律的社会主义合格公民奠定基础。"①义务教育阶段道德与法治课程旨在培养具有良好品德和行为习惯、乐于探究、热爱生活的儿童。课程的目标是本课程的宗旨和价值导向。目标的各个方面是一个有机结合的统一体。"纯真思政"把培养品德良好、乐于探究、热爱生活的儿童作为教学的出发点和归宿,促进儿童的社会性发展,改变追求表面的学业成果,忽视儿童的精神成长,忽视深层的态度、观念、思维方式、情绪情感发展的倾向;改变偏重道德说教,偏重形式,忽视儿童的真实体验与良好行为习惯形成的倾向;改变偏重知识灌输或技能训练,忽视儿童的好奇心与实践能力,特别是创造能力发展的倾向,确保课程目标的全面实现。本课程引导和帮助儿童达到以下目标。

（一）情感态度价值观

培养儿童珍爱生命、热爱生活的意识,养成自尊自律、乐观向上、勤劳朴素的态度,初步养成良好的生活、卫生习惯;爱亲敬长,养成文明礼貌、诚实守信、友爱宽容、热爱集体、团结合作、有责任心的品质;喜欢动手动脑,乐于想象与创造,乐于参加劳动和有意义的活动;初步形成规则意识和民主、法制观念,崇尚公平与公正;热爱家乡,爱惜资源,珍视祖国的历史与文化,具有中华民族的归属感和自豪感,尊重不同国家和民族的文化差异,初步形成开放的国际视野;具有关爱自然的情感,逐步形成保护生态环境的意识。

（二）知识与技能

让儿童掌握自身生活必需的基本知识和基本技能。具有与同伴友好交往、合作的基本方法和探究能力,理解日常生活中的道德行为规范和文明礼貌,了解未成年人的

---

①　中华人民共和国教育部. 义务教育思想品德课程标准(2011 年版)[S]. 北京：北京师范大学出版社,2012：5.

基本权利和义务,懂得规则、法律对于保障每个人的权利和维护社会公共生活具有重要意义;初步了解生活中的自然、社会常识,了解生产、消费活动与人们生活的关系,知道科学技术对生产和生活的重要影响;知道一些基本的地理常识,初步理解人与自然、环境的相互依存关系,了解人类共同面临的人口、资源和环境等问题;了解家乡的发展变化,了解一些我国历史常识,知道在历史发展过程中形成的中华民族优秀文化和革命传统,了解影响我国发展的重大历史事件和社会主义建设的伟大成就;初步了解影响世界历史发展的一些重要事件,知道不同环境下人们有不同的生活方式和风俗习惯,懂得不同民族、国家和地区之间相互尊重、和睦相处的重要意义。

(三) 能力与方法

让儿童体验提出、探究或解决生活中的问题的过程,养成安全、健康、环保的良好生活和行为习惯;初步体验与社区和社会生活相联系的学习过程,初步认识自我,掌握一些调整自己情绪和行为的方法;学会清楚地表达自己的感受和见解,倾听他人的意见,体会他人的心情和需要,与他人平等地交流与合作,积极参与集体生活;学习从不同的角度观察社会事物和现象,对生活中遇到的道德问题做出正确的判断,尝试合理地、有创意地探究和解决生活中的问题,力所能及地参与社会公益活动;初步掌握收集、整理和运用信息的能力,能够选用恰当的工具和方法分析、说明问题。

二、 学科课程年段目标

依据道德与法治课程总目标和各年级教材教参资料,基于社会与时代发展的需要和儿童身心发展的特点,"纯真思政"以部编课本为基础,分年级实施。这里仅以三年级为例来说明。(见表 4 - 2 - 1)

表 4-2-1 广州市黄埔区深井小学"纯真思政"课程三年级单元目标表

单元	上学期	下学期
第一单元	共同目标： 1. 明确学习的意义，体验学习的快乐。 2. 树立学习的自信心。 3. 克服学习中遇到的困难。 4. 养成良好的学习习惯。 5. 能合理安排和利用时间。 6. 学习要多思、多问。 7. 了解学习途径。 8. 学习战胜困难的方法。 校本要求： 学习学校"每月一事"之养成教育训练、"文明礼仪操"，能主动跟师长倾诉交流内心情感，认识自我和尊重他人，遵守纪律规则。	共同目标： 1. 树立与不同个性的人能够和而不同、友好相处的交往观念。 2. 营建快乐美好、团结友爱的同伴关系。 3. 从认识交往主体入手，帮助学生认识自我、了解同伴。 4. 帮助学生通过学校生活中的师生互动、同伴交往学习这一基本的人际交往品质。 校本要求： 1. 继续学习学校"每月一事"之养成教育训练、"文明礼仪操"，遵守学校秩序。 2. 团结互助，与同学和老师相处融洽，主动与人合作，尊重他人的观点。
第二单元	共同目标： 1. 增进对学校的归属感。 2. 体会老师对学生的爱。 3. 认识到自己是学校的一员，提高积极参与学校公共生活的意识。 4. 了解学校的空间环境和组织。 5. 体会学校对自身成长的重要性。 6. 了解老师工作的辛苦。 校本要求： 继续学习学校"每月一事"之养成教育训练、"文明礼仪操"，以最高品质要求自己。	共同目标： 1. 主动维护社区利益，积极为社区生活的改善建言献策。 2. 学习正确的邻里交往方式。 3. 引入学生对社区生活的感受，再从认识上推动学生对社区人、事、物的了解。 校本要求： 1. 继续学习学校"每月一事"之养成教育训练、"文明礼仪操"，以最高品质要求自己。 2. 学习煮姜茶，给环卫工人送姜茶，送温暖，懂感恩。
第三单元	共同目标： 1. 体会生命来之不易，珍爱生命。 2. 初步形成人际安全意识。 3. 学会基本的自护自救方法。 4. 初步认识社会的复杂性，在乐于助人、参与社会生活的同时保持警惕性。 5. 了解人际交往存在的安全问题。 校本要求： 1. 继续学习学校"每月一事"之养成教育训练、"文明礼仪操"，以最高品质要求自己。 2. 通过心理健康教育，认识自我，端正行为规范，至正德行。	共同目标： 1. 树立和形成无论在何种生活处境下，都有遵守规则的意识和态度。 2. 形成讲文明、守秩序、懂关爱的公共生活观和公共生活方式。 3. 理解规则的意义。 4. 从学生熟悉的、公共生活中常见的公共设施入手，引导学生认识公共设施对人们生活的价值，帮助学生真正做到爱护公共设施。 校本要求： 继续学习学校"每月一事"之养成教育训练、"文明礼仪操"，以最高品质要求自己。

续表

单元	上学期	下学期
第四单元	共同目标： 1. 尝试走进父母的内心世界，加深对父母的理解，能够接纳父母对自己爱的表达方式。 2. 了解、体贴父母，并将自己对父母的爱落实在行动中。 3. 了解家庭这一基本的社会单位，了解自己家庭的历史变迁，进而体会中国人重视家庭的文化传统。 4. 了解父母对子女的爱。 校本要求： 继续学习学校"每月一事"之养成教育训练、"文明礼仪课间操"，以最高品质要求自己。	共同目标： 1. 培养学生养成文明通信的行为习惯，遵守通信中的法律和道德要求。 2. 辩证地看待交通发展，了解交通迅速发展带来的问题，以及人们采取的应对措施，帮助学生对公共生活中的交通事业有整体而深入的认识。 3. 从学生的出行体验和了解的交通工具入手，引导学生认识多样的交通方式及其特点。 4. 了解通信方式的变迁、通信方式的多样化。 校本要求： 继续学习学校"每月一事"之养成教育训练、"文明礼仪课间操"，能主动跟师长倾诉交流内心情感，认识自我和尊重他人，遵守纪律规则。

总之，"纯真思政"以"把美好种进儿童的心田"的课程理念为中心，根据儿童年龄特点和认知发展规律，联系儿童生活经验，循序渐进，积极开展校本课程，让儿童在培养良好行为习惯中生根发芽，形成道德素养。

第三节　让儿童在丰富活动中沐浴阳光

为了实现上述课程目标，"纯真思政"建立课程体系，在坚持国家课程方案基本模块结构的基础上，开足开齐课程，对国家课程、地方课程和校本课程加以统整，实现必修课程与选修课程、学科课程与活动课程、基础课程与拓展课程的有机、有计划的统一，使课程更好地体现深井小学的办学文化和校本特色，为儿童打造个性化的、具有地方特色的课程。

一、学科课程结构

《义务教育品德与社会课程标准(2011年版)解读》指出：“品德与社会课程内容构建的突出特征是依据课程设计思路,按照综合主题方式呈现的。为体现课程的综合性,我们借鉴并采用了国际上比较成熟的‘同心圆扩大’的构建方式,即：以不断扩大的学生生活范畴为主线,以个人、家庭、学校、社区、国家、世界等层面作为主题,沿着学生生活范围的不断扩大和成长的路线展开、整合课程内容。每一条标准都尽可能体现出知识学习、情感态度和行为能力养成融为一体的课程理念,每一个主题框架中都设计了包括社会环境、社会活动和社会关系等要素在内的学习内容和学习活动。”[1]“纯真思政”全方位地体现本课程的性质和基本理念,符合本课程在义务教育中的课程定位。课程内容紧紧围绕儿童的社会生活和发展需求,注重儿童在学习过程中的体验,注重儿童的道德认知和道德情感的发展,引导儿童主动参与活动,在实践中逐步形成思考和探究社会问题的能力。

“纯真思政”以国家课程标准为主要依据,加入我校的办学特色,帮助教师将教材转化为适合本学校、本班的教学,即把教学情境化,把教学目标精确化,把教学过程和方法多元化。“纯真思政”具体分为“纯真自我”“纯真感恩”“纯真交往”“纯真参与”“纯真法治”和“纯真视野”六大板块。六个方面的知识,层层递进,螺旋上升,凝聚成一到六年级十二册教材各个单元的学习主题,统筹安排到各年级的教育中。(见图4-3-1)

“纯真思政”课程体系具体表述如下：

---

① 义务教育品德与社会课程标准修订组. 义务教育品德与社会课程标准(2011年版)解读[M]. 北京：高等教育出版社,2012：98.

图4-3-1 广州市黄埔区深井小学"纯真思政"课程结构图

(一) 纯真自我

"纯真自我"是根据儿童的年龄特征和发展需求,围绕着儿童的身心健康和自我发展而设置的。了解儿童的特点,使其能适应新生活,养成好的习惯,发扬优势,有自信心。知道人有所长,要取长补短。懂得做人要自尊、自爱,有荣誉感和知耻心。愿意反思生活和行为。敢于面对学习和生活中遇到的困难和问题,尝试解决问题,体会克服困难、取得成功的乐趣。理解做人要诚实守信,学习做有诚信的人。懂得感恩和基本的礼仪常识。学会欣赏、宽容和尊重他人。体会生命来之不易,知道应该爱护身体。知道日常生活中有关安全的常识,有安全意识和基本的自护自救能力。了解迷恋网络和电子游戏等不良嗜好的危害,抵制不健康的生活方式。知道吸毒是违法行为,远离毒品,珍爱生命,过积极、健康的生活。

(二) 纯真感恩

"纯真感恩"是围绕着儿童在日常家庭生活中应当懂得的伦理规范和遇到的问题而设置的。知道儿童的成长离不开家庭,理解父母长辈的养育之恩,以恰当的方式表达对父母的感激、尊敬和关心。学习料理儿童的生活，养成良好的生活习惯，主动分担家务，有一定的家庭责任感。懂得邻里生活中要讲道德、守规则，与邻里要和睦相处，爱护家庭周边环境。了解家庭经济来源和生活必要的开支。学习合理消费、勤俭节约的途径和方法。知道家庭成员之间应该相互沟通和谅解，学习化解家庭成员之间矛盾的方法。

（三）纯真交往

"纯真交往"是围绕着儿童的学校生活展开的，主要归为两个方面：一是有关对学校的认识，包括学校环境、设施，机构组成，人员和工作，历史与今天；二是有关学习和学校生活，包括学习习惯和学习品质，同学交往，个人与集体的关系，集体生活，学校规则等。能看懂学校和学校周边的平面图。能利用简单的图形画出学校平面图以及上学路线图。了解学校主要部门的工作和发展变化，增强对学校的亲近感，尊敬老师，尊重工作人员的劳动。珍惜时间，学习合理安排时间，养成良好的学习习惯，独立完成学习任务，不抄袭、不作弊。体会同学之间真诚相待、互相帮助的友爱之情；学会和同学平等相处。知道同学之间要相互尊重，友好交往。知道自己是集体中的一员，关心集体，参加集体活动，维护集体荣誉，对自己承担的任务负责。知道班级和学校中的有关规则，并感受集体中规则的作用，初步形成规则意识，遵守活动规则和学校纪律。通过学校和班级等集体生活，体会民主、平等在学校生活中的现实意义。

（四）纯真参与

"纯真参与"是以帮助儿童了解社会公共生活而设置的。能够识读本地区、旅游景区等小区域的平面示意图。正确辨认区域地图的简单图例、方向、比例尺。了解本地区的自然环境和经济特点及其与人们生活的关系；感受本地区的变化和发展；了解对本地区发展有贡献、有影响的人物，萌发对家乡的热爱之情。关心了解周围不同行业的劳动者，感受并感激他们的劳动给人们生活带来的便利，尊重并珍惜他们的劳动成果。学习选购商品的初步知识，能够独立地购买简单物品，文明购物。具备初步的消费者自我保护意识。了解本地交通情况，知道有关的交通常识，自觉遵守交通法规，注意安全。体会公共设施给人们生活带来的便利。形成爱护公共设施人人有责的意识，能够自觉爱护公共设施。自觉遵守公共秩序，注意公共安全。做讲文明有教养的人。体会社会对老年人和残疾人等弱势人群的关怀。对弱势人群有同情心和爱心，要有尊重和平等的观念，并愿意尽力帮助他们。积极参与力所能及的社会公益活动。了解在公共生活中存在不同的社会群体，各种群体享有同等的公民权利，应相互尊重，平等相待，不歧视，不抱有偏见。了解本地的民风、民俗和文化活动，体会其对人们生活的影响。能够识别不良的社会风气，不参与迷信活动。了解本地区生态环境，参与力所能及的环境保护活动，增强环保意识。

(五) 纯真法治

"纯真法治"是以帮助儿童建立国家、公民的概念，学会唱国歌，初步建立对家庭关系的法律认识；初步建立规则意识，初步理解遵守规则、公平竞争、规则公平的意义与要求。初步认识自己的国家，形成对祖国的归属感和自豪感。知道我国的地理位置、领土面积、海陆疆域、行政区划。知道台湾是我国不可分割的一部分，祖国的领土神圣不可侵犯。知道我国是一个统一的多民族国家，各民族共同创造了中华民族的历史和文化。了解不同民族的生活习惯和风土人情，理解和尊重不同民族的文化。了解我国不同地区自然环境的差异，知道并理解这差异对人们的生产和生活方式的影响。知道我国是一个地域辽阔、有着许多名山大川和名胜古迹的国家，体验热爱国土的情感。了解我国曾经发生过地震、洪水等重大灾害，知道大自然有不可抗拒的一面。感受人们在自然灾害中团结互助的可贵精神。学习在自然灾害中自护与互助的方法。了解我国的交通发展状况，感受交通在人们生活中的重要作用，关注城乡交通存在的问题。知道现代通信的种类和方式，体会现代传媒，尤其是网络与人们生活的关系。在有效获取信息的同时，增强对信息的辨别能力，遵守通信的基本礼貌和网络道德、法律规范，做到文明上网。知道我国是有几千年历史的文明古国，掌握应有的历史常识，了解中华民族对世界文明的重大贡献。珍爱我国的文化遗产。知道近代我国遭受过列强的侵略以及中华民族的抗争史。敬仰民族英雄和革命先辈,树立奋发图强的爱国志向。知道中国共产党的成立,知道新中国成立和改革开放以来取得的成就,加深对社会主义祖国和中国共产党的热爱之情。知道人民解放军是保卫祖国、维护和平的重要力量,热爱解放军。知道自己是中华人民共和国的公民,初步了解自己享有的基本权利和义务。知道我国颁布的与少年儿童有关的法律、法规,学习运用法律保护自己,形成初步的民主与法制意识。

(六) 纯真视野

"纯真视野"帮助儿童初步认识世界,形成国际理解能力和全球意识。知道世界大洲、大洋的位置,能在地图或地球仪上找到相应的国家或地区。比较不同国家、地区、民族不同的生活习俗、传统节日、服饰、建筑、饮食等状况,从不同的角度,尝试探究差异产生的原因,尊重文化的多样性。初步了解我国与世界各国的经济相互依存关系,以及给人们生活带来的影响。初步了解科学技术与人们生产、生活及社会发展间的关系,认识科技要为人类造福,崇尚科学,反对迷信。初步了解全球的环境恶化、人口急剧增长、资源匮乏等状况,以及各国采取的相关对策,体会"人类只有一个地球"的含义。知道我国所加入的一些国际组织和国际公约,了解这些国际组织的作用。知道我国在国际事务中的影响日益增强。感受和平的美好,了解战争给人类带来的影响,热爱和平。

二、 学科课程设置

"纯真思政"以思政、国学、礼仪和心理课程为本,从"纯真自我""纯真感恩""纯真交往""纯真参与""纯真法治"和"纯真视野"等不同层面,构建多方面、多维度、多角度的纯真课程。依据各年级儿童身心发展特点、综合课程的内在逻辑和我校实际,将各年级道德与法治课程分年级的课程设置如下:(见表4-3-1)

表 4-3-1 广州市黄埔区深井小学"纯真思政"课程群课程设置表

年级	学期	纯真自我	纯真感恩	纯真交往	纯真参与	纯真法治	纯真视野
一年级	上学期	励志教育 "新"花怒放 我行我"塑" 井井有条 5S 伴我行	感恩教育 励志教育	礼仪教育 洗耳恭听 彬彬有礼	明理导行 黄埔小兵 文明学员 劳动光荣	黄埔小兵 公民教育	明理导行 黄埔小兵
	下学期	励志教育 "新"花怒放 我行我"塑" 井井有条 5S 伴我行	感恩教育 励志教育	礼仪教育 洗耳恭听 彬彬有礼	明理导行 黄埔小兵 文明学员 劳动光荣	黄埔小兵 公民教育	明理导行 黄埔小兵
二年级	上学期	励志教育 井井有条 5S 伴我行	感恩教育 励志教育	礼仪教育 洗耳恭听 彬彬有礼	明理导行 黄埔小兵 文明学员 劳动光荣	黄埔小兵 公民教育 井井有条	明理导行 黄埔小兵
	下学期	励志教育 井井有条 5S 伴我行	感恩教育 励志教育	礼仪教育 洗耳恭听 彬彬有礼	明理导行 黄埔小兵 文明学员 劳动光荣	黄埔小兵 公民教育 井井有条	明理导行 黄埔小兵
三年级	上学期	励志教育 井井有条 5S 伴我行	关爱服务 感恩教育 励志教育	礼仪教育 文明学员	明理导行 黄埔小兵 文明学员 劳动光荣	黄埔小兵 公民教育	明理导行 公民教育 黄埔小兵
	下学期	励志教育 井井有条 5S 伴我行	关爱服务 感恩教育 励志教育	礼仪教育 文明学员	明理导行 黄埔小兵 文明学员 劳动光荣	黄埔小兵 公民教育	明理导行 公民教育 黄埔小兵

年级	学期	纯真自我	纯真感恩	纯真交往	纯真参与	纯真法治	纯真视野
四年级	上学期	励志教育 井井有条 5S 伴我行	关爱服务 感恩教育 励志教育	关爱服务 礼仪教育 文明学员	明理导行 黄埔小兵 劳心劳力 文明学员	黄埔小兵 公民教育 礼仪教育	明理导行 黄埔小兵
	下学期	励志教育 井井有条 5S 伴我行	关爱服务 感恩教育 励志教育	关爱服务 礼仪教育 5S 伴我行	明理导行 黄埔小兵 劳心劳力 文明学员	黄埔小兵 公民教育 礼仪教育	明理导行 黄埔小兵
五年级	上学期	励志教育 井井有条 5S 伴我行	关爱服务 感恩教育 励志教育	礼仪教育 5S 伴我行	明理导行 黄埔小兵 劳心劳力	黄埔小兵 公民教育	明理导行 黄埔小兵
	下学期	励志教育 井井有条 5S 伴我行	关爱服务 感恩教育 励志教育	礼仪教育 5S 伴我行	明理导行 黄埔小兵 劳心劳力 文明学员	黄埔小兵 公民教育	明理导行 黄埔小兵
六年级	上学期	励志教育 了解自我 井井有条 5S 伴我行	感恩教育 励志教育	礼仪教育 5S 伴我行	明理导行 劳心劳力 文明学员	黄埔小兵 公民教育	5S 伴我行 励志教育 黄埔小兵
	下学期	励志教育 了解自我 井井有条 5S 伴我行	感恩教育 励志教育	礼仪教育 5S 伴我行	明理导行 劳心劳力 文明学员	黄埔小兵 公民教育	5S 伴我行 励志教育 黄埔小兵

第四节　让儿童在探究实践中茁壮成长

《义务教育思想品德课程标准(2011 年版)》指出："思想品德课程评价是促进学生

思想品德健康发展的重要手段。设计思想品德课程评价方案时，应以课程目标和课程内容为依据，体现学科评价特点，搜集学生学习的完整信息，客观评价学生的思想道德状况。教师要总结与反思评价结果，改进教学，进而更好地实现课程目标。"①道德与法治课程注重生活性、活动性、综合性、开放性、实践性，根据儿童的年龄特点和认知发展规律，联系儿童生活经验，循序渐进，凸显道德与法治学习的主体地位，提倡以活动课程的形式开展思政，将道德与法治渐进融合，依据课程开发和建构，在探究实践活动中培养合格公民。

为此，根据"把美好种进儿童的心田"的课程理念，从"纯真课堂""纯真课程""纯真节日""纯真之旅""纯真联盟""纯真社团""纯真劳动"七个方面进行课程实施。

一、落实"纯真课堂"，彰显道德与法治课堂生命活力

"纯真课堂"回归到儿童的生活，也就是回归生命，以儿童的经验为起点，在进行生活教育的同时进行品德教育，使儿童成为生活的主体。

"纯真课堂"以生活主题的方式整合和编排学习内容，围绕主题选择知识，创设情境，将学习内容有机融入儿童不断扩大的实践活动中，让儿童在实际学习过程中更好地实施探究式学习，并充分利用现有的条件和课程资源，创造性地进行学习。通过深化课程育人、活动育人的理念，加强爱国主义教育、集体主义教育、社会主义教育，用正确的价值观引导儿童的生活，让儿童学会运用生活经验，展开思维，体验情感。坚持知行合一，让儿童成为生活和学习的主人。

1. 丰富。将三维目标有机结合，使教学目标贴近儿童生活，更符合教学要求。结合教材内容，以儿童的生活世界为依托，创造性地运用教材。

2. 和谐。教学过程中，要关注跨学科的资源整合，创设丰富的教育情境，引导儿

---

① 中华人民共和国教育部. 义务教育思想品德课程标准(2011 年版)[S]. 北京：北京师范大学出版社，2012：19.

童通过亲身经历与感悟，获得体验，深化认识。恰当运用多媒体技术，注重教学各环节的层次性、主题性。

3. 灵动。关注课堂生成，采用多种教学方式促进儿童自主学习、自主思考，增强儿童综合能力。注重儿童对于学习感受的交流和分享，让课堂在智慧火花的碰撞下闪光。

4. 融合。综合运用课堂学习、实践活动、成长记录档案、活动表现评价等多种评价载体，采取量性评价和质性评价，形成性评价和终结性评价相结合的办法进行综合评价，教师评价切合儿童实际，促进儿童自我反思与成长，从而提升自我。

5. 超越。道德与法治是对儿童进行立德树人教育的主阵地，儿童在亲历的过程中理解并建构知识、增强能力、产生情感、生成行为，埋下真善美的种子。儿童在课堂学习中情绪饱满，积极参与，真诚表达，有创新意识和批判性精神。

6. 本真。教师要从儿童的实际需求出发，尊重儿童的主体地位，关注儿童学习的不同感受。

二、 拓展"纯真课程"，丰富道德与法治活动多元内涵

"纯真课程"加强学科课程的建设，创设"1＋X"学科课程群，它以国家教材为基础，教学内容从教科书扩展到儿童学习生活的各个方面，也就是我校的特色校本课程。

1. 聚焦素养：基于核心素养的现代课程体系要求我们必须将儿童视为完整的生命个体，关注个体成长所需的必备素质和核心能力。《道德与法治》课堂重视儿童合作学习的指导与要求，能更好地使学习成为一种合作关系，课堂教学必须聚焦学科核心素养，把"学科知识为本"的教学转变为聚焦"学科核心素养为本"的教学，大力推进学习方式和教学模式的改变，真正"以生为本"，以儿童的学为中心，以儿童的核心素养培养为目标，匠心独运，让我们的课堂以核心素养为统领，促进每个儿童健康全面地发展，更充分地发挥课程的育人价值。

2. 联系生活：新教育课程理念认为，知识来源于生活，课程必须植根于儿童的生

活才会对儿童有意义。儿童的知识是通过其在生活及活动中的直接体验、思考、积累而逐步建构起来的；儿童的发展是其怀着对生活的热爱，通过参与丰富多彩的生活实践，与外部环境积极互动而逐步实现的。教学必须与儿童的生活世界相联系才能真正促进儿童的成长，在教学中教师应该从儿童的生活实践出发，改变自己的教学方式，进行生活化课堂的教学，引导儿童将所学知识运用到学习生活中去，解决生活中遇到的难题。

3. 挖掘资源：小学阶段的道德与法治课程资源的挖掘，有助于形成儿童的培养方向。教师应重视教科书、儿童的资源以及学校、家庭、社区课程资源的开发与利用，采取各种措施，通过多种途径开发和利用课程资源。

4. 主体参与：在小学道德与法治教学过程中，教师需要不断创新教学观念，清楚地认识到儿童掌握基础理论知识的必要性，给儿童更多的学习空间和学习时间。以儿童为主体，以活动为载体，认真组织和开展校园活动，打破儿童被动学习的局面，促进儿童综合素养的提升，让儿童有效地掌握知识和学习方法，形成正确的、有效的学习思维。

5. 夯实基础：《义务教育思想品德课程标准(2011 年版)》指出，思想品德课程"为使学生成为有理想、有道德、有文化、有纪律的社会主义合格公民奠定基础"①。教师要在教学中落实道德与法治学科"立德树人"的根本任务，给学生心灵埋下真善美的种子，引导学生扣好人生第一粒扣子。

三、 打造"纯真节日"，让道德与法治教学变得丰富而有趣

"纯真节日"的活动设计依据儿童的学习实际，沿着儿童与自我、自然、家庭、学校、社区、国家的关系不断展开，与儿童的现实生活时间相契合。"纯真节日"注重与儿童

---

① 中华人民共和国教育部. 义务教育思想品德课程标准(2011 年版)〔S〕. 北京：北京师范大学出版社，2012：5.

实际、社会实践的联系，做到"以生为本"，落实体验式教学课程，通过传统节日、爱国主义教育日、安全演练月、特色节日等活动，引导儿童自主参与活动，调动儿童的积极性，在实践中学习，在学习中实践。

1. 传统节日。《义务教育思想品德课程标准（2011 年版）》提出"学习搜集、处理、运用信息的方法，提高媒介素养，能够积极适应信息化社会"①。中国的传统节日源远流长，文化内涵丰厚。"纯真节日"通过春节、清明节、端午节、中秋节等传统节日组织学生、家长开展亲子活动，让学生亲手制作简单的节日美食，写春联，制作手抄报，分享家乡特产。教师及时引导学生以小组合作的方式查找整理相关节日资料，节日活动之后，及时引导学生交流分享活动感受，并指导写作或说话训练，将活动过程、收获与感受动笔写下。通过开展传统节日活动，让儿童运用信息技术搜集、了解这些传统节日的由来、风俗习惯及其象征意义，进一步挖掘本土文化，传承中华优良传统美德，感受中华民族文化的魅力。

2. 爱国主义教育日。"纯真节日"通过海洋宣传日、建队日、国家公祭日等系列爱国主义教育活动，让儿童践行社会核心价值观，提高儿童自我教育能力，培养良好的行为习惯，形成良好的道德品质；提高民族自信心、自尊心和民族自豪感，使儿童从小心怀中国梦、强国梦、强军梦，兼具伟大使命感，做有理想、有道德、有文化、有纪律的有为青少年。

3. 安全演练月。为让儿童在安全、稳定的环境下成长，"纯真节日"通过开展防震消防疏散演练活动，举行专业人员讲解灭火器安全使用培训活动，强化师生的安全意识，提升儿童防火自救的能力，打造平安校园。

4. 特色节日。"纯真节日"通过"新生开笔礼""我是黄埔小兵"等活动，挖掘本土文化、传说故事，与本岛部队建立联系，充分合理利用、开发资源，让儿童走出书本，走向社区，用心去经历，去体验，去感悟。将中华传统文化礼仪教育和学校特色课程"古

---

① 中华人民共和国教育部. 义务教育思想品德课程标准（2011 年版）[S]. 北京：北京师范大学出版社，2012：6.

风新韵"相结合,努力让学校真正成为儿童成长的摇篮、学习的乐园。

四、 推行"纯真之旅",实现多样化探究学习

2016 年 11 月 30 日教育部等 11 部门印发了《关于推进中小学生研学旅行的意见》。道德存在于儿童的生活中,德育离不开儿童的生活。儿童在与自然以及周围环境的互动中,主动探究发展创新意识和实践能力。基于这样的思考,"纯真之旅"以"了解红色经典,铭记光辉历程""亲近美好自然,领略风土人情""科技创造美好未来"三个主题为方向进行规划,组织儿童走出去学习,实现多样化探究学习。

1. 了解红色经典,铭记光辉历程:利用社区所在地资源,参观了解长洲岛近现代革命和军事史迹,包括黄埔军校、辛亥革命纪念馆、东征阵亡烈士墓、中山纪念碑、白鹤岗炮台、麦贤得英雄艇等爱国主义教育基地,铭记"黄埔精神"激励革命将士捍卫国家统一、挽救民族危亡的英雄事迹。并以"黄埔军校小小讲解员"和"辛亥革命纪念馆小小讲解员"身份为参观游客提供讲解服务,参与社会实践活动,写心得体会,制作展板或手抄报。

2. 亲近美好自然,领略风土人情:为了让儿童走出课堂,亲近自然,探索自然,了解自然,开阔视野,每学期组织全校师生开展春、秋季服务学习活动,带领儿童饱览祖国、家乡的秀丽风光,培养儿童爱祖国、爱家乡的情怀。同时,我校还与友好学校开展校际交流互访,探索不同地区的文化特色,体验不同的风土人情,增强儿童的社会实践活动能力。

3. 感受科技魅力,展望美好未来:为了拓宽儿童的科学视野,培养儿童勤动手、善动脑、爱科学、乐创造的科学素养和实践能力,每年的 10 月份,开展"科普大篷车进校园"科普巡展活动。同时,我校还组织儿童参观科学馆和无人机试验基地,让儿童走近科学,近距离感受科学的奥秘,开阔视野,增长知识,激发儿童的好奇心,提高儿童的探究能力。

五、 建构"纯真联盟"，形成积极的家校教育合力

家庭是儿童成长过程中的终身学校，家长是儿童学习和生活中的第一任教师，家庭教育为儿童的成长奠定坚实的基础。"纯真联盟"通过"警家校"护安护畅队伍、家长学校、家长会、环保教育、专家和家长进校园等活动，鼓励孩子们从自己做起，从身边力所能及的小事做起，促进节能减排。引导家长形成正确的教育观，倡导亲子阅读，密切家庭与学校间的联系，关注儿童健康、快乐成长。

为确保师生出行安全，解决校园及周边道路交通安全、畅通工作，组建特色的"警家校"护安护畅新模式队伍，让孩子走好"上学最后 100 米"。

家长学校定于每学期初面向全校儿童家长进行招募，每班 3 人，一般招募 40 人左右，每学期利用晚上时间不定期开展活动。内容主要是引领家长践行学校的办学理念，配合落实四个"写好字、习好武、读好书、做好人"目标。积极营造家庭书香氛围，打造"书香门第"，积极创建"书香家庭"，交流研讨家庭教育中的共性问题。

家长的专业知识、工作岗位不同，学校利用家长的宝贵教育资源，家委会协调安排让家长走进课堂，走进儿童，从不同的角度设计不一样的课程："剪纸""编织""小小银行家""校服礼仪讲座""预防流感讲座"等。进一步拉进家庭与学校的距离，提升亲子关系。通过形式多样的活动，发挥家长的教育资源，开拓儿童的视野，培养儿童的动手能力，引导儿童全面发展。

六、 搭建"纯真社团"，携手呵护心灵

"纯真社团"的目的是营造良好的健康校园文化氛围，携手社工团体，共同呵护孩子们的心灵。搭建"纯真社团"，树立健康的教育理念，推进学校心理健康教育，培养儿童的心理保健意识。学校携手义工服务队开展"心理健康进课堂""健康知识大比拼"活动，志愿者们分批给孩子们带去一些相关的校园安全、自我保护、医学以及释放压力

和心理健康方面的知识。服务队对行为偏差儿童进行行为矫正的辅导，他们对儿童晓之以理、动之以情，帮助儿童树立信心，引导他们走上"正道"，让他们"知""行"合一。

七、 开展"纯真劳动"，夯实生活技能

2019 年 6 月 23 日《中共中央国务院关于深化教育教学改革全面提高义务教育质量的意见》提出："加强劳动教育。充分发挥劳动综合育人功能，制定劳动教育指导纲要，加强学生生活实践、劳动技术和职业体验教育。优化综合实践活动课程结构，确保劳动教育课时不少于一半。家长要给孩子安排力所能及的家务劳动，学校要坚持学生值日制度，组织学生参加校园劳动，积极开展校外劳动实践和社区志愿服务。"①

"纯真劳动"关注的内容主要包括日常生活劳动教育、生产劳动教育和服务性劳动教育三个方面。

1. 日常生活劳动教育。低年级以个人生活起居为主要内容，懂得自己是家中的小主人，每天帮助父母做一些力所能及的家务劳动，学会收拾、整理自己生活、学习上的个人物品；在校做好班级的值日工作，保持校园的卫生，并进行简单的垃圾分类。中高年级以校园劳动和家庭劳动为主要内容，参与家居、教室的清洁、收纳整理工作，积极参加校园劳动，做好校园卫生保洁工作。班主任在班会课和平时的接触中向儿童讲解一些生活、学习的小常识，了解垃圾分类的重要性等。

2. 生产劳动教育。体验工农业生产创造物质财富的过程，学会使用劳动工具，进行简单的手工制作，学会做简单的家常菜。放学后，一年级的班主任到班上手把手教小朋友扫地，拖地，倒垃圾。用班会课时间教会儿童掌握生活垃圾分类、收集、处理、循环利用及环境保护等基础知识。每周布置儿童完成力所能及的家务劳动，学会做一道家常菜。

_____

① 中共中央国务院关于深化教育教学改革全面提高义务教育质量的意见[N]. 中国教育报，2019－07－08.

3. 服务性劳动教育。主动维护教室内外环境卫生，照顾身边的动植物，主动帮助身边需要帮助的人；利用所学知识技能，参加社区环保、公共卫生等力所能及的公益劳动以及校外劳动实践。

总之，"纯真思政"以"把美好种进儿童的心田"的课程理念为核心，将学习内容有机融入儿童不断扩大的探究实践活动中，使儿童热爱生活，适应社会，增强法治意识，提高道德情操，让儿童在探究实践中茁壮成长。

（执笔人：凌燕霞　蒋萍　梁燕琚　潘文英）

第五章

活力体育：给予儿童健康向上的能量

运动使生命充满活力，儿童因体育勃发生机。我们学校致力于让体育运动成为儿童的一种习惯。体育与健康训练，活跃儿童身心，增强体质；体育与健康学习，探寻运动快乐，拥抱健康。"活力体育"让四肢舒展，全身运动；让活力迸发，舞动青春；让热血沸腾，绽放生命；让身体强健，健康发展，让儿童在充满生机的体育活动中提升素养。

广东省广州市黄埔区深井小学体育教研组现有在编教师 2 人，外聘足球教练 2
人，武术教练 1 人，师资优良，组内教师专项多面，组内气氛融洽、关系和谐。学校体育
与健康课程以足球为特色，兼有武术和毽球等民族体育项目，各项目都取得了一定的
成绩。随着课程改革的不断深入，为进一步推进特色学科建设，实现以学科价值为引
领的高品质、特色化的学科发展目标，学校体育教研组深化课堂改革，研究体育与健康
课堂教法，且依据教育部《关于深化课程改革，落实立德树人根本任务的意见》《义务教
育体育与健康课程标准（2011 年版）》等文件，推进我校体育与健康学科课程群建设。

第一节　增强儿童的身心健康

《义务教育体育与健康课程标准（2011 年版）》指出："近二十多年来，我国青少年
学生体质健康水平的持续下降，已经引起了国家和社会的高度关注。提高青少年学生
的体质健康水平需要社会各方面的共同努力。体育与健康课程是增进学生健康的重
要途径，对于提高全民族的健康素质具有重要而深远的意义。"[①]基于这种认识，我们
确立了以下几个体育与健康学科性质观与课程理念。

一、学科性质观

体育与健康课程是一门以身体练习为主要手段，以学习体育与健康知识、技能和
方法为主要内容，以增进儿童健康，培养儿童终身运动的体育意识和能力为主要目标

---

① 中华人民共和国教育部. 义务教育体育与健康课程标准（2011 年版）[S]. 北京：北京师范大学出版
社，2012：1.

的基础性、实践性、健身性、综合性课程。①

　　《义务教育体育与健康课程标准(2011 年版)》指出,体育与健康课程以"健康第一"为指导思想,努力构建体育与健康的知识与技能、过程与方法、情感态度与价值观有机统一的课程目标和课程结构,在强调体育学科特点的同时,融合与孩子健康成长的相关知识。②《中共中央国务院关于深化教育改革,全面推进素质教育的决定》中指出:"健康体魄是青少年为祖国和人民服务的基本前提,是中华民族旺盛生命力的体现。学校教育要树立健康第一的指导思想,切实加强体育工作。"③我们认为,体育与健康课程应该继续坚持"健康第一"的指导思想,在教学中,以孩子为主体,培养孩子体育运动的兴趣爱好,让孩子在体育运动中迸发活力,给予孩子健康向上的能量,发展孩子的体育专长,树立孩子终身运动的体育意识。

　　小学体育与健康课程是我校"井养"课程体系的重要组成部分,是为实现教育目标而选择的体育教育内容的总和,是实现素质教育和全面发展人才的重要途径,对提高全民族的健康素质具有重要而深远的意义。

二、　学科课程理念

　　《义务教育体育与健康课程标准(2011 年版)》明确提出,体育与健康课程应该是开放而富有选择的。要尽可能地关注和满足不同地区、学校和孩子之间的差异,因地制宜,合理选择教学内容,设计教学流程,有效运用教学方法和评价手段,努力使每一位孩子都能接受基本的体育与健康教育,促进孩子不断进步和发展。依据课程标准的

---

　　① 中华人民共和国教育部. 义务教育体育与健康课程标准(2011 年版)[S]. 北京：北京师范大学出版社,2012：2.

　　② 中华人民共和国教育部. 义务教育体育与健康课程标准(2011 年版)[S]. 北京：北京师范大学出版社,2012：3.

　　③ 中华人民共和国教育部. 中共中央国务院关于深化教育改革,全面推进素质教育的决定[EB/OL]. 1999.6.13. http://old. moe. gov. cn/publicfiles/business/htmlfiles/moe/moe_177/200407/2478. html.

要求,并结合我校体育与健康发展的学科底蕴、体育与健康课程现状,我们提出了切合我校特色的体育与健康课程理念——"活力体育"。

《解文说字》里解释,"活"小篆左水(shuǐ)形右銛(kuò)声,义为生存,生长。[①]《现代汉语词典(2010年版)》里,"活力"指生机蓬勃的力量,表示人所具有的生气。孩子充满青春的活力,具有生机勃勃的精神状态。[②] 意喻着体育与健康的教学活动应该是"活"的,有生命力的、有力量的活动,这与我校"深仁厚泽,井养不穷"的教学理念相一致,与体育与健康课程的基础性、实践性、健身性、综合性相一致。

我们希望用充满活力的体育与健康课程,培养有体育核心素养的学习者。学校以"活力、健康、运动、未来"为宣传口号,深入探究体育与健康课程对青少年思想品德、智力发育、审美情趣的作用,探讨以体育为手段,促进孩子全面发展的理论与实践问题,这旨在落实《中共中央国务院关于加强青少年体育增强青少年体质的意见》精神,全面推动"活力体育"课程在我校的深入实施。

(一)"活力体育"是健康生活的体育

健康生活的体育包含身体健康与心理健康两个方面。身体健康是指人的体能良好、技能正常和精力充沛的状态,与体育锻炼、营养状况和行为习惯密切相关。[③] 古人云:"恬淡虚无,真气从之;精神内守,病安从来。"健康的另一半是心理健康。心理健康是指个人自我感觉良好,认知正常、情感协调、意志健全、个性完整和适应良好,与体育学习和锻炼、身体健康密切相关。"活力体育"重视健康教育,无论孩子选择哪一种运动项目,教师采用哪一种教育和评价方法,都紧紧围绕"健康第一"的指导思想来进行,适应生活、学习和社会环境的发展与变化的需要。

---

① 叶柏来.解文说字[M].广州：华南大学出版社,2005：138.
② 陈曦.现代汉语词典.[M]长沙：湖南少年儿童出版社,2010：242.
③ 中华人民共和国教育部.义务教育体育与健康课程标准(2011年版)[S].北京：北京师范大学出版社,2012：7.

(二)"活力体育"是儿童中心的体育

儿童中心主义(Paidocentricism)，亦称"儿童中心论"，该理论主张教育应以儿童自然发展需要及活动为中心。杜威强调："我们必须站在儿童的立场上，并且以儿童为自己的出发点。"教师的作用在于了解儿童的兴趣和需要，以及以什么样的活动可以使之得到有益的表现；并据此提供必要的刺激和材料，设计和编制学校的课程。体育与健康课程重视儿童的发展需要，以儿童为主体，在教学中，充分发挥教师的主导作用以及儿童主体作用。注重培养儿童的自主学习、合作学习与探究学习的能力。在教学过程中，教师适当地让儿童有意识地选择一项或几项运动培养儿童的运动特长，以促进儿童体育锻炼习惯的养成和终身体育意识的培养。

(三)"活力体育"是充满乐趣的体育

体育与健康课程以快乐体育为基础，调动孩子们对体育与健康课程学习的积极性。以充满乐趣的体育锻炼方法，让孩子感受体育活动和比赛中的乐趣，获得成功的体验，让孩子乐于参加体育活动、体育游戏和比赛，提升孩子的身体素质状况，同时加强孩子对体育锻炼的认知。

(四)"活力体育"是丰富多元的体育

"活力体育"的建立有利于构建儿童进步与发展的多元学习体系，其中包括：足球、毽球、武术、跳绳、跑步等。丰富多元的体育项目可以提高儿童体育学习和锻炼的主动性、积极性，促进儿童不断进步和发展。

"活力体育"作为一种更深层次的"体育与健康"课程，它借助课程内容，让孩子激活运动兴趣、活跃思维，引领情感态度和价值观。凭借师生的主观力量，促进孩子在运动中提升自我价值。"活力体育"蕴含着体育与健康内在发展不可预估的无限可能，承担着迸发孩子"活力"的责任。

体育教研组从学校的实际出发，结合我校孩子对体育运动的需求，通过系列体育与健康活动，引导孩子学习体育与健康知识，参与体育运动，并乐于运动，在运动中迸发青春活力。让运动成为学习、生活中不可或缺的一部分，让体育运动成为一种习惯，从而为孩子终身运动奠定良好的基础。

第二节　让体育运动成为一种习惯

体育与健康课程对于实施素质教育，培养儿童的爱国主义、集体主义精神，促进儿童德、智、体、美、劳全面发展具有重要的意义。通过课程的学习，儿童将掌握体育与健康的基础知识、基本技能与方法，增强体能；学会学习和锻炼，发展体育与健康实践和创新能力；体验运动的乐趣和成功，养成体育锻炼的习惯；发展良好的心理品质、合作与交际能力；提高自觉维护健康的意识，基本形成健康的生活方式和积极进取、乐观开朗的人生态度。[①]

一、学科课程总体目标

《义务教育体育与健康课程标准（2011 年版）》根据社会的需求，体育学科的特点和孩子身心发展特征，构建了"运动参与""运动技能""身体健康""心理健康""社会适应"五个学习领域，"课程目标""领域目标""水平目标"三个层次的目标体系。其中，领域目标方面改变了传统的按运动项目划分教学内容和安排教学时数的框架，根据生理、心理、社会适应的现代三维健康观和体育学科的特点，以及国际体育课程的发展趋势，拓宽了体育与健康课程的学习内容，将课程内容划分为以上五个学习领域。

基于对《义务教育体育与健康课程标准（2011 年版）》的解读和理解，"活力体育"

---

① 中华人民共和国教育部. 义务教育体育与健康课程标准（2011 年版）[S]. 北京：北京师范大学出版社，2012：6.

的课程目标围绕"增强体能""培养运动的兴趣和爱好""具有良好的心理品质""提高对个人健康和群体健康的责任感"等进行设计与推进。

（一）增强体能，掌握和应用基本的体育与健康知识和运动技能

运动技能是完成运动动作的能力，反映了体育与健康课程以身体练习为主要手段的基本特征，是课程学习的重要内容和实现课程学习目标的主要途径，逐步增强儿童体育与健康的学习能力、安全从事运动的能力，并加深对体育运动的理解。

（二）培养运动的兴趣和爱好，形成坚持锻炼的习惯

课程强调通过丰富多彩的内容、形式多样的方法，注重引导孩子体验运动乐趣，激发、培养孩子的运动兴趣和参与意识，让体育运动成为一种习惯。

（三）具有良好的心理品质，表现出人际交往的能力与合作精神

个体自我感觉良好以及与社会和谐相处的状态与过程，与体育学习和锻炼、身体健康密切相关。课程主要帮助孩子掌握调节情绪和与人交往的方法。注意培养孩子自尊、自信、不怕困难、坦然面对挫折的品格，引导孩子在体育活动中学会交往，学会合作。

（四）提高对个人健康和群体健康的责任感，形成健康的生活方式

个人健康是群体健康的重要保障，个人对群体健康有着不可分割的责任。个人的身体健康与体育锻炼、营养状况和行为习惯密切相关。体育与健康课程强调引导孩子努力学习和锻炼，关注自身的营养状况，形成良好的行为习惯，全面发展体能，提高其适应环境变化的能力，形成关注自身健康及群体健康的意识和行为，形成健康的生活方式。这些是课程学习的重要内容与期望的结果。

二、学科课程年段目标

体育与健康课程实施需要落实到各教育阶段、各水平阶段的具体教学过程中，为此本文根据《义务教育体育与健康课程标准（2011 年版）》，提出小学体育与健康教学的培育目标及各水平阶段具体的育人目标。

小学体育学科课程共划分为三个年段，分别是低年段（1—2 年级）、中年段（3—4 年级）、高年段（5—6 年级）。以体育学科的"参与、技能、身体健康、心理与社会适应"这四个基本能力为核心，分年段设定，年段之间有明显的关联和目标。低年段重视运动的兴趣和参与意识的培养，中年段重视掌握运动技能的培养，高年段重视心理品质、与人交往的方法和社会责任感的培养。以一年级为例，该年级学科课程目标及课程内容如下：（见表 5-2-1）

表 5-2-1　广州市黄埔区深井小学"并动"课程一年级目标表

学期\单元	一年级上学期	一年级下学期
第一单元	共同要求： 1. 初步参与体育学习与锻炼。 2. 知道所学运动项目或体育游戏的名称或动作术语。 校本要求： 1. 了解毽球活动，体验毽球运动的快乐。 2. 身体素质练习；踢毽子游戏。	共同要求： 1. 体验运动乐趣与成功。 2. 体验运动过程并初步了解一些运动现象。 校本要求： 1. 了解踢毽子的文化知识及踢毽子的好处。 2. 学习毽球运动的准备姿势与移动步法。
第二单元	共同要求： 1. 做出基本的身体活动等动作。 2. 初步学会常见的小篮球、小足球等适合孩子学习的球类游戏。 校本要求： 1. 在体育游戏中完成各种形式的走、跑、跳、投、抛等动作。 2. 初步学会跑步、毽球、足球、武术、跳绳等适合孩子学习的游戏。	共同要求： 1. 学习一些体操类活动的基本动作。 2. 学习一些武术类活动的基本动作。 校本要求： 1. 学习横队和纵队看齐，向左（右、后）转、立正、稍息等基本体操动作。 2. 学习基本手型、抱拳、马步、蹬腿、冲拳等简单的武术基本动作。

续表

学期 单元	一年级上学期	一年级下学期
第三单元	共同要求： 1. 学习不同的体育活动方法，如游戏、韵律活动和舞蹈，发展身体素质。 2. 学习一些简单的民族民间传统体育活动的基本动作。 校本要求： 1. 游戏：韵律活动；各种姿势的走。 2. 学习跳绳、踢毽子等活动的基本动作。	共同要求： 1. 继续学习不同的体育活动方法，如游戏、韵律活动和舞蹈，发展身体素质。 2. 继续学习武术类活动基本动作。 校本要求： 1. 毽球的专项素质：柔韧素质训练、灵敏素质训练。 2. 3—5 个简单武术组成的动作组合等。
第四单元	共同要求： 1. 初步了解个人卫生保健知识与方法。 2. 初步发展柔韧性、灵敏性和平衡能力。 校本要求： 1. 初步了解饮食、用眼、口腔卫生等个人卫生常识。如按时进餐、不挑食、不偏食，知道牛奶、豆类等食物的好处；按要求做眼保健操等。 2. 知道正确的身体姿态。如指出正确的坐立行姿态等。	共同要求： 1. 塑造良好体型和身体姿势。 2. 发展户外运动能力。 校本要求： 1. 在日常生活和运动中注意保持正确的身体姿态。如注意保持正确的坐立行姿态和读写姿态等。 2. 不吃垃圾食品，少喝饮料，养成均衡饮食的习惯。

第三节 丰富儿童的体育学习经历

体育与健康学科的目标是通过体育运动的学习和活动促进孩子体质健康。为达到这样的目标，在课程内容的设置上严格遵循体育与健康学科的核心素养要求，以快乐体育为基准，结合本校的学科需要，服务孩子的发展，进行课程内容的设置，丰富儿童的体育学习经历。

一、学科课程结构

《义务教育体育与健康课程标准(2011 年版)》关于课程结构分为"运动参与""运动技能""身体健康""心理健康与社会适应"四个方面。[①] 我校"活力体育"课程结构以课程标准为基石,以快乐体育为基础,最终实现终身体育与健康生活的有机统一。我校"活力体育"课程体系包括"活力参与""活力技能""活力身体""活力心理"等四大模块(如图 5-3-1 所示),力求让儿童在体育运动中迸发活力,具体表述如下:

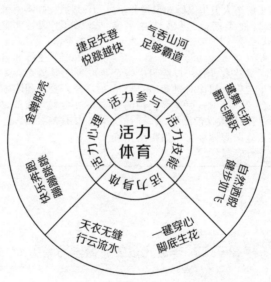

图 5-3-1　广州市黄埔区深井小学"活力体育"课程体系图

　　"活力参与"是指儿童参与体育学习和锻炼的积极态度及活力的行为表现,是儿童形成积极的体育行为和乐观开朗人生态度的实践要求和重要途径。因此,通过开设"快乐奔跑""翻飞腾跃""悦跳越快""毽舞飞扬"等课程,引导孩子体验运动的乐趣,激

---

① 中华人民共和国教育部. 义务教育体育与健康课程标准(2011 年版)[S]. 北京：北京师范大学出版社,2012：6.

发、培养孩子的运动兴趣和参与意识。

"活力技能"是指儿童在体育学习和锻炼中完成运动动作所掌握的技术与能力。它反映了体育与健康课程以身体锻炼为主要手段的基本特点。在小学阶段，我们主要通过体育游戏学习，重视选择武术、毽球等民间传统体育活动项目进行学习，开设"脚底开花""一毽穿心""蹦蹦跳跳""行云流水"等课程，发展儿童的基本运动技能。

"活力身体"是指孩子的体能良好、机能正常和精力充沛的、充满活力的状态。开设"自然洒脱""捷足先登""健步如飞"等课程，引导孩子懂得营养、行为习惯和疾病预防对身体发育和健康的影响。

"活力心理"是指孩子富含活力的、自我良好的感觉以及和社会和谐相处的状态和过程。通过开设"气吞山河""天衣无缝""脚底生花"等课程，培养孩子的自信心、坚强的意志品质，良好的体育道德、合作精神和公平竞争的意识。

二、 学科课程设置

"活力体育"学科以快乐体育为基础，横向划分为活力参与、活力技能、活力身体、活力心理等，纵向布局为年级上下学期。1—6年级的课程具体设置如下：（见表 5 - 3 - 1）

表 5 - 3 - 1 广州市黄埔区深井小学"活力体育"课程设置表

年级	学期	活力参与	活力技能	活力身体	活力心理
一年级	上下学期	一"毽"穿心 脚底生花 自然洒脱 快乐奔跑 蹦蹦跳跳	一"毽"穿心 脚底生花 自然洒脱 快乐奔跑 蹦蹦跳跳	一"毽"穿心 脚底生花 自然洒脱 快乐奔跑 蹦蹦跳跳	一"毽"穿心 脚底生花 自然洒脱 快乐奔跑 蹦蹦跳跳
二年级	上下学期	一"毽"穿心 脚底生花 自然洒脱 快乐奔跑 蹦蹦跳跳	一"毽"穿心 脚底生花 自然洒脱 快乐奔跑 蹦蹦跳跳	一"毽"穿心 脚底生花 自然洒脱 快乐奔跑 蹦蹦跳跳	一"毽"穿心 脚底生花 自然洒脱 快乐奔跑 蹦蹦跳跳

续表

年级	学期	活力参与	活力技能	活力身体	活力心理
三年级	上下学期	天衣无缝 金蝉脱壳 行云流水 捷足先登 "悦"跳越快	天衣无缝 金蝉脱壳 行云流水 捷足先登 "悦"跳越快	天衣无缝 金蝉脱壳 行云流水 捷足先登 "悦"跳越快	天衣无缝 金蝉脱壳 行云流水 捷足先登 "悦"跳越快
四年级	上下学期	天衣无缝 金蝉脱壳 行云流水 捷足先登 "悦"跳越快	天衣无缝 金蝉脱壳 行云流水 捷足先登 "悦"跳越快	天衣无缝 金蝉脱壳 行云流水 捷足先登 "悦"跳越快	天衣无缝 金蝉脱壳 行云流水 捷足先登 "悦"跳越快
五年级	上下学期	"毽"舞飞扬 足够霸道 气吞山河 健步如飞 翻飞腾跃	"毽"舞飞扬 足够霸道 气吞山河 健步如飞 翻飞腾跃	"毽"舞飞扬 足够霸道 气吞山河 健步如飞 翻飞腾跃	"毽"舞飞扬 足够霸道 气吞山河 健步如飞 翻飞腾跃
六年级	上下学期	"毽"舞飞扬 足够霸道 气吞山河 健步如飞 翻飞腾跃	"毽"舞飞扬 足够霸道 气吞山河 健步如飞 翻飞腾跃	"毽"舞飞扬 足够霸道 气吞山河 健步如飞 翻飞腾跃	"毽"舞飞扬 足够霸道 气吞山河 健步如飞 翻飞腾跃

第四节　在充满生机的活动中提升素养

小学生体育核心素养包含健康行为、运动能力以及体育道德与情感三个维度。健康行为包含体育习惯、体育参与、生活方式以及健康管理等；运动能力包含体育活动参与能力、组织能力、体育赛事关注度等；体育道德与情感包含坚持精神、尊重对手、角色胜任等[1]。

---

[1] 谢树茂.基于发展体育核心素养的小学足球教学实践与思考[J].新课程(中),2017(04).

　　为了真正实现"活力体育"的核心价值，从根本上提升孩子的体育素养，我们根据"活力体育"的课程理念、课程目标、学科性质方面的要求，从"活力课堂""活力学科""活力体育节""活力社团""活力之旅""活力赛事"六个方面进行课程实施，在充满生机的体育活动中提升儿童的健康素养。

一、构建"活力课堂"，推进学科基础课程

　　"活力课堂"是富有活力的课堂，指通过运用灵活的教学手段、智慧的教学活动来使得体育教学呈现出一种活力的状态，从而使得体育教学的效能得以提升，使得体育的课堂教学有显著的成效。"活力课堂"是保证孩子素质全面发展的最重要的环节之一。"活力课堂"在运动参与和运动技能教学中，在体育课堂游戏中，在竞赛训练中，在健康知识课程中培养孩子的体育素养。（如图 5-4-1 所示）

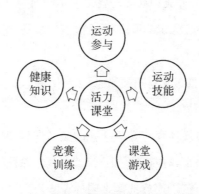

图 5-4-1　广州市黄埔区深井小学"活力课堂"的实践操作

　　1. 运动参与，增强兴趣。运动参与是指儿童在"活力课堂"中参与体育学习和锻炼的积极态度及活力的行为表现。教师引导孩子积极参与到"活力课堂"当中，让孩子投身到各项体育运动项目中，在活动中增强对体育运动的兴趣。

　　2. 运动技能，规范行为。养成良好的体育课堂习惯是培养孩子体育核心素养的要求之一。在"活力课堂"教学中，体育规则的有效渗透利于孩子养成良好的行为习

惯。在运动技能学习的过程中，学习每一个体育规则，在潜移默化中提高孩子的规则意识，规范其自身行为。

3. 课堂游戏，培养感情。体育游戏是吸引孩子参与体育课堂的重要因素，体育教师将体育游戏巧妙地融入到"活力课堂"中以增加孩子的学习动力，活跃课堂气氛。体育教师根据体育教学核心素养的要求选择合适的游戏，使体育游戏的加入对课堂起积极的影响，例如"老鹰捉小鸡""过独木桥""拔苗比赛"等游戏。在游戏开展的过程中，孩子们彼此交流，合作沟通，增强彼此间的情感，同时调动其参与课堂的积极性，让体育课堂模式变得多样化。

4. 竞赛训练，增强品质。体育竞赛是体育教学中必不可少的环节，竞赛既能激发孩子的体育潜能，也能培养孩子的体育品质。在体育竞赛中，教师秉持"友谊第一，比赛第二"的体育竞技理念，使孩子在竞技赛场上养成良好的体育品质。

5. 健康知识，助力成长。孩子在"活力课堂"中，通过对体育健康知识的学习，对体育实践活动的积极参与，养成和社会发展需求相符的关键能力和优良品格，促进儿童体育锻炼习惯和终身体育意识的形成，助力其健康发展，茁壮成长。

二、 建设"活力课程"，推进学科拓展课程

"活力课程"是整合常规体育与健康课程的交叉课程，是对国家课程的丰富和建构，是使体育与健康学科教学的内容更加饱满的课程。课程的设置使体育与健康课程具有了多样性和选择性。孩子通过选择不同的课程，提升学习体育与健康知识的兴趣，最终达到提升体育素养的目的。为了给儿童提供丰富的体育与健康课程，我校创设"1＋x"学科课程群。所谓"1＋x"学科课程群就是以国家教材为基础，丰富体育学科的选修课程，具体做法如下：

1. 补充教材。学校和教师根据孩子的身心发展特征，就现有运动项目进行改造。根据孩子和学校的实际情况，通过简化规则、简化技战术、降低难度、改造场地与器材等手段，开发适合学生学习的教学内容，如我校的文明礼仪操、跑操、柔韧操、放松

操等。

2. 联系生活。教学内容可以结合时代性,根据实际情况引进一些新兴的运动项目,对新兴化项目进行教材化改造,引导孩子把追求时尚的项目转变成健康向上、参与性强、安全有益的教学内容;利用民间传统体育、当地气候和季节等资源选用传统体育活动为教学内容开展教学,如我校的咏春操、武术操、毽球课程等。

三、 创设"活力体育节",推进活动体验课程

"活力体育节"是学校根据社会和孩子的需要设立的以开展体育活动为主题的体育活动日。它由我校体育科组发起,活动内容广泛,包括:赛事运动、娱乐运动、体育文化讲座等多项活动,目的是推动全校运动、弘扬体育精神、塑造本校的体育文化。

"活力体育节"以全员参与为宗旨,响应国家"每天锻炼一小时"的号召,以"我运动、我快乐"为目标,让孩子在玩的过程中得到锻炼,并从运动中感受体育运动的魅力。创设"活力体育节"活动,使孩子的运动技能得到充分展示。根据我校实际情况,我校"活力体育节"每年 10 月举行,每学年每个年级统一时间开展一次"活力体育节"活动。

"活力体育节"的活动设计依据孩子的体育学习情况,以提升孩子的体育运动热情为目标。活力体育节以孩子的参与和比赛为主,包括踢毽球接力比赛、25 米车轮滚滚比赛、胯下和头顶传接球等项目,设立班级奖励和孩子个人单项奖励。

1. 踢毽球接力比赛。"踢毽球接力"比赛参加人员为各班的男生和女生,比赛总时间以本队最后一个队员完成比赛为时间结点。运动员使用脚内侧、脚外侧、大腿、脚面四个部位将下落的毽球成功撞击起来一次就计算为一次。比赛中队员交换的要求为:第一名队员在比赛时所踢的球落地了,则这名队员的比赛资格就终止,此时记录这名队员的有效次数,接着由第二名队员马上接上去继续比赛到最后一名队员的球落地为止为比赛结束。比赛使用器材为国家比赛规定的太仓毽球,比赛场地范围为 6米×6 米的规格,在此范围内有效撞击起来的球数计为比赛成绩,在规定的场区外撞击起来的球不计入比赛成绩。比赛结束规定:以下两种情况都可以判定比赛结

束——第一种结束方式：当比赛的队员全部都完成了踢毽过程就视为比赛结束；第二种结束方式：对方全部队员都完成了踢毽过程，但另一方还在进行中，并且对方主动认输了可视同比赛结束。按参加人数平均值高的队伍名次列前，如相同则以单人成绩最好的队为胜者。

2. 25 米车轮滚滚比赛。"25 米车轮滚滚"比赛的参加人员为深井小学全体孩子，比赛使用的车轮用 8 米长的雨衣布制成，比赛双方必须分成三个小组进行对抗，并分别记录每次比赛的成绩，参赛人员不能重复参加到别的小组中，每个人只能加入 1 个小组出场进行比赛，但每个小组的人数不作硬性规定。犯规说明：比赛中队员交替用手来向前移动车轮，如有人离开车轨导致散架或中断的要从散架的地方重新开始，如散架后人离开不再进行比赛的以犯规处理，取消本组的这次比赛成绩，但最后的平均成绩多加 2 分钟时间才是本班的最后成绩。比赛每组共进行 2 次，取用时最少一次的时间作为本队的最后成绩，如用时相等看第二次用时，用时最少队作为胜方。再相等则抛硬币决定名次。

3. 胯下和头顶传接球。"胯下和头顶传接球"比赛的参加人员为全体孩子，使用器材为 1 品篮球，比赛队伍一路纵队站立，第一名队员将球从头顶传给第二名队员，第二名队员将球传给第三名队员，依此类推将球在头顶一直传到本队最后一位队员，这位队员马上做一个向后转，之后从胯下将球反传回身后的第二名队员，第二名队员接着将球从胯下传给第三名队员，依此类推将球在胯下一直传到本队最后一位队员，最后这位队员站好将球上举在头顶即为本次比赛结束。比赛共进行三次，取用时最少一次的时间作为本队的最后成绩，如用时相等看第二次用时，用时最少的一次作为名次统计的方法，依此类推，如再相等则抛硬币决定名次。犯规说明：传球时双手必须将球从头顶上（或胯下双脚间）把球传给下一位同学，不能侧身或转身将球递给后面的同学，否则当犯规处理，并在本次人均成绩中多加 2 分钟，如果球掉落在地面上，每掉地一次在总成绩中多增加 10 秒，球掉落地后每间隔一人进行传球的则在本次成绩中多增加 10 秒。两名裁判员负责记录中间是否有掉落球以及掉落球后是否从掉落球的位置开始继续传球，本次比赛完成后即向裁判长告知球掉落的情况以便记录总成绩。

4. 穿越时空隧道。使用器材为呼啦圈，比赛双方每个人都要手拉手连接在一起，可以摆成任意图形进行比赛，不作硬性规定，第一名队员钻进呼啦圈后自然将呼啦圈移动到第二名队员，依此类推直到最后一名队员钻出呼啦圈后为运送成功，每队要完成共 5 个呼啦圈的搬运后比赛才算结束。犯规说明：比赛中队员的手不能放开去钻呼啦圈，在穿越呼啦圈的过程中，如手没有拉接好断开了就以散架犯规来处理，取消本组的这次比赛资格，并且在最后人均成绩中多加 2 分钟作为本队的最后时间成绩。裁判员发出口令后开始比赛，排头的队员将呼啦圈摆进手拉手的长龙中或是随意的图形中做穿越移动搬运，最后当呼啦圈移动到本队最后一名队员手上时视同此次搬运结束可以将下一个呼啦圈进行搬运，将 5 个呼啦圈搬运完成后才算比赛结束，计算人均时间，时间短的队伍为胜。

5. 拉横叉脚接脚比长接力。比赛使用一把 30 米长的米尺。比赛开始，第一位队员跑到规定的位置拉横叉，当横叉完成后，第二位队员才能起跑，到达第一位队员位置开始下横叉后，用脚底接触到第一位队员，第三位队员就可以出发了，依此类推，本队最后一位队员将脚接完后，即为本次比赛结束，然后由裁判员记录好全部队员接脚的长度，计算人均距离判定队伍的胜负情况。比赛共进行二次，取全体队员将脚接起后最长的一次距离作为本队的成绩，按人均长度距离作为胜负依据，距离长的人平均值名次列前。一名裁判员负责记录中间队员是否正常下拉横叉，如果正常下拉了就发出成功的信号，然后起点的裁判发出下一名队员出发的信号并且记录好出发队员的人数。

6. 20 米往返袋鼠跳。比赛器材使用雨衣布制品做的袋子。比赛双方每个人双脚都要装在袋子中向前跳，听到裁判员的哨声后比赛开始，第一名队员向前跳，跳到规定位置后返回，成功返回后裁判才允许第二名队员出发，依此类推直到最后一名队员返回后比赛才算结束。犯规说明：比赛中队员跌倒后起来要重新进入袋子后才能向前跳，否则本次的比赛以犯规处理，并且在最后的平均成绩中多加 1 分钟作为本队的最后时间成绩。裁判员发出口令开始比赛后，排头的队员才能向前跳，最后一名队员回到起点后比赛结束，计算孩子们的平均时间，时间短的队伍获胜。

7. 亲子拔河。每班男生和女生人数均等，家长志愿者数名。器材是一根拔河用的绳子。比赛结束规定：裁判员发出哨声后双方队员开始比赛，当一方队员将绳子的定位标志拉到超出自己队伍的起拉线上时为胜，此局比赛结束。采用三局二胜制方式决出胜负。本项目的胜负不计算进各年级的团体总分中。注意：比赛过程中，当一方获胜后，另一方不能马上放手。

四、创建"活力社团"，落实体育教学的实践性

社团是校园文化的重要载体，是孩子身心发展、拓宽兴趣和开阔视野的阵地，也是展示孩子个性、发展特长、内化能力的第二课堂。社团活动能够丰富校园文化、培养孩子兴趣特长、补充第一课堂。

基于这样的考虑，我校创设"活力社团"推进小学体育教学工作。通过社团活动推进体育教学多渠道、深层次、高质量发展。全面拓展孩子素质、张扬孩子个性、播撒自主创新精神、营造良好的教育教学氛围，引导孩子树立正确的价值取向和发展目标、培养自主学习的习惯和自我发展的能力等。

"活力社团"包括足球社团、毽球社团、武术社团等社团。通过选修课与课外活动相结合的方式，定期开展社团活动。社团活动以孩子为主体，以教师辅导和引领为辅助，充分发挥孩子的积极能动性，在社团活动中提升体育实践能力，发展体育的核心素养。

1. 足球社团。足球运动是我校体育项目中的重点特色运动，本项目是广州市传统体育项目足球学校和广东省校园足球推广学校以及全国校园足球特色学校联合举办的项目。学校内的每一个年级均有男女队员约 20 人成为校足球队员，每个班每周均有足球专业课，任课教练员分别聘请古广明俱乐部和岁月明星俱乐部的专职教练员进行执教，每周各年级的校队成员有 3 次由专业教练员进行系统足球训练的机会，为区市省等比赛打好坚实基础。

2. 毽球社团。毽球运动是在足球运动带动下的我校又一品牌特色体育运动，本

项目是广州市传统体育项目。学校内的每一个年级均有男女队员约共 10 人成为校毽球队员，学校每周均上两节毽球专业课，分别聘全国冠军获得者暨前中国毽球训练基地的运动员和教练员进行执教，为市省及全国赛等比赛打好根基。

3. 武术社团。武术运动是我校体育特色中新成立起来的品牌运动，是传承祖国民族体育运动精华的体现，学校内的每一个年级每周均上一节武术专业课，任课教练员分别由全国冠军获得者暨北京武术学院的运动员和教练员进行执教，为我校的武术发展打下良好的基础。

五、 推行"活力之旅"，拓展体育的综合性

"活力体育"课程不仅包括学校内部的体育运动，还包括在学校外面举行的体育比赛。在参加体育活动中了解体育比赛的特点，拓宽孩子的眼界，将平时训练的知识、技能与实践经验有机结合起来，提升孩子的体育素养，从而拓展体育的综合性。基于这样的思考，"活力之旅"可以立足于参加的体育比赛项目，每学年开展一次。

1. 大学城毽球之旅。学校根据场地的实际情况，积极开展"每天锻炼一小时"大学城毽球之旅体育活动，孩子们在老师的组织下，利用课余时间，去到大学城各大高校，与各大高校的毽球社团进行交流学习。通过外出学习交流的方式，可以培养孩子勇敢、顽强、坚忍不拔、拼搏进取的意志品质和团结协作、遵守纪律、公平竞争、积极向上的道德品质，提升孩子的注意力、空间感觉能力；有利于孩子培养良好的文明礼仪习惯，构建和谐校园，为孩子提供展现自我的舞台等等。

2. 长洲岛足球之旅。我校是全国校园足球推广特色学校，学校开展丰富的儿童课余文化生活的活动，活跃校园文化气氛，积极开展素质教育，树立"健康第一，全面发展"的教育理念。为贯彻学校的教育方针，培养儿童对足球运动的兴趣，促进儿童身心健康，增强其体质，我校体育科组举办长洲岛足球之旅活动，发展孩子的足球特长，调节紧张的学习气氛，丰富他们的学校文化生活，推动我校足球运动的开展，进一步提高足球队员的战术水平。

六、 推行"活力赛事"，提高体育的竞争性

"活力赛事"是指提高孩子之间良性的自主学习、合作、竞争氛围的体育竞赛活动。现代奥林匹克运动创始人皮埃尔·德·顾拜坦曾言："竞赛的核心不是斗争，而是光明磊落的比赛，正是铭记了这种精神，才能更加强盛，更加雄壮，更加有勇气，从而陶冶人的品性。"我校推行"活力赛事"，拓展体育的竞争性，包括毽球赛事、足球赛事、武术赛事三大板块内容。

1. 毽球赛事。我校是广州市毽球传统体育项目学校，毽球活动的开展历史悠久，是校园内孩子活动不可缺少的运动之一。深井学子与毽球结下了深厚的缘分，领导重视，教师投入，孩子热情参与，风雨不改，迎来了一批又一批稚嫩可爱的孩子，培养了一批又一批健康活泼、喜爱毽球的少年。

我校建立有完善的毽球竞赛制度，学校每年举办的活力体育节中有毽球比赛，将参加毽球比赛项目纳入文明班级评选和孩子评先评优活动之中，建立稳定的校园毽球机制。每年组织的毽球比赛有校内毽球班级联赛、年级挑战赛等，鼓励孩子积极参加广州市和广东省以及全国级别的比赛，获得优异成绩的同时提高个人自信心。

2. 足球赛事。足球赛事是以脚支配球为主，两个队在同一场地内进行攻守的体育运动项目，享有"世界第一运动"的美誉。我校是广州市足球传统体育项目学校以及广东省全国校园足球特色学校，开展足球活动的历史十分悠久。上世纪七十年代，校园里已有足球活动，几十年以来，足球教育教学活动在校园内蓬勃发展。在这期间，有的孩子进入了国家少年队，并出巡西班牙，成为中国足球未来的希望；有的孩子则直接进入了足球学校；有的则成为学校足球活动的梁柱；有的已经在社会上凭着他们强健的体魄，建功立业。

学校不断完善校内足球竞赛制度，定期举办足球比赛，将参加足球比赛纳入文明班评选和孩子评先评优活动之中，鼓励各个班、各位孩子积极参加足球比赛，促进学校形成稳定的足球机制。足球比赛有班际，由班级之间进行竞赛；也有组际，在班级内分

大组进行比赛。学校每年组织校内足球班级联赛、年级挑战赛，每个班级参与比赛，场次每年不少于10场。同时，学校积极参加广州市和黄埔区校园足球联赛，积极邀请黄埔区长洲岛小学足球队等到学校参加校园邀请赛。让孩子通过比赛检验足球能力，同时通过激烈的对抗，增强孩子们的团结意识和集体荣誉感。

3. 武术赛事。武术是中华民族传统文化的瑰宝。武术赛事是以踢、打、摔、拿、击、刺等技术动作为主要素材，按照进退攻守、动静急徐、刚柔虚实等格律，组成套路，以此来增强体质、培养意志、训练格斗技能的体育运动。学校鼓励孩子积极参加校内外武术赛事，提高身体素质，健体防身；锻炼意志，培养品德；技术观赏，丰富生活；交流技艺，增进友谊。

总而言之，"活力体育"课程以《义务教育体育与健康课程标准（2011年版）》为依据，在全面贯彻课程理念、认真落实国家课程目标的基础上，依托基础性课程，结合孩子年龄特征和个性特点，积极开发拓展性课程，给孩子提供更加多样性的选择方案，注重及时评价，以评促教，以激发孩子体育运动的兴趣和培养体育运动的爱好，提高孩子的体育运动技能和水平，促进孩子们健康发展。愿在运动的天空下，尽显健康的花朵！

（执笔人：黎业峰　马细妹　吴凯　卢德明）

第六章

灵动数学：让思维具有生命的律动感

数学教育的意义在于对人类生活的关注，在于数学教学以美启真：在欣赏中研究，在研究中创造，在创造中感悟，在感悟中欣赏。孩子的数学思维在这严谨的推理之中，灵活的应变之中，多彩的方法之中，不懈的追求之中静静绽放。数学教育不应只着眼于解题与否，应旨在让孩子体会和追求生命真与美的感悟。如此，数学教育方能因思维的境界和生命的理想持续地给予数学教学生命的律动和成长。

广州市黄埔区深井小学数学教研组现有 7 人，在编教师 5 人，编外教师 2 人，其中中小学一级教师 4 人，当中不乏经验丰富的老教师，也有朝气奋进的年轻老师。数学科组的老师对学校的办学追求与教学主张有着智慧的解读，不仅能结合自己的能力特长和专业水平，将其在教学实践中实施；而且团队同心协力，致力于丰富教学内涵，拓展教学外延。我校依据教育部《关于深化课程改革，落实立德树人根本任务的意见》《义务教育数学课程标准（2011 版）》等文件精神，结合我校"深仁厚泽、井养不穷"的办学理念，努力推进我校数学学科课程建设并取得可喜的成效。

第一节　数学的内在智慧与灵气

数学是研究数量、结构、变化、空间以及信息等概念的一门学科，从某种角度看属于形式科学的一种。在人类历史发展和社会生活中，数学发挥着不可替代的作用，也是学习和研究现代科学技术必不可少的基本工具。

一、 学科课程性质

《义务教育数学课程标准（2011 年版）》指出："数学与人类发展和社会进步息息相关，随着现代信息技术的飞速发展，数学更加广泛应用于社会生产和日常生活的各个方面。数学素养是现代社会每一个公民应该具备的基本素养。作为促进学生全面发展教育的重要组成部分，数学教育既要使学生掌握现代生活和学习中所需要的数学知识与技能，更要发挥数学在培养人的思维能力和创新能力方面的不可替代的作用。"

数学课程能使学生掌握必备的基础知识和基本技能，培养学生的抽象思维和推理能力；培养学生的创新意识和实践能力；促进学生在情感、态度与价值观等方面的发展。义务教育的数学课程能为学生未来生活、工作和学习奠定重要的基础。[①] 数学是感性和理性的结合体，数学是充满智慧且美丽动人的。学校提出了构建灵动数学课程，让数学学科教学在立足于知识本质的前提下，借助适当的数学方法深入展开，使之能够触动学生的心灵。换言之，就是指教师在引导学生探寻数学知识，发展学生数学思维的过程中，释放学生潜在的灵性，让数学课堂幻化出生命的张力，洋溢着灵动的美感。

二、 学科课程理念

灵动，"灵"本意聪明、灵活，在这里代表数学理性智慧的一面；"动"是多义词，在这里代表数学感性、鲜活的一面。这两个层面的完美结合，即"灵动数学"所追求的教学内涵，它既强调数学内在的智慧与灵气，又强调其表达形态的鲜活与丰富。数学内在的智慧与灵气源于其学科本质，数学固有的逻辑体系充满理性力量，数学简约抽象的思维方式能深刻影响人的一生，学数学能使人变得更加聪明，这是"灵动数学"的"灵"层面的精神旨趣。

数学教材虽然是数字、算式、定律、应用题，但是经过教师的加工后，学习的形式和内容却可以是鲜活、美妙、丰富多彩的。其表达形态不再是单调的符号、公式、定理，还可以融合语文、艺术类的教育元素，这是"灵动数学"的"动"层面的内涵追求。

"灵动数学"在实施基础类课程"四基""四能"的基础上，培养孩子动手操作、合作探究的能力，提升儿童的数学思维品质与关键能力，使孩子自觉地将自己的所思、所感、所悟灵活地运用到现实生活中，发展应用意识，提高应用能力。

[①] 中华人民共和国教育部. 义务教育数学课程标准(2011 年版)[S]. 北京：北京师范大学出版社，2012：1.

(一)"灵动数学"是智慧的数学

数学是一门使人聪明的学科,让孩子感受到数学的灵气,以丰富的生活情境引出数学问题,促使孩子带着问题思考,激发他们求知的欲望,点燃他们的学习热情。"灵动数学"注重学生数学活动经验的积累,以发展儿童的智慧为根本目的,从多角度培养孩子的学习能力,促进儿童的长远发展。

(二)"灵动数学"是学以致用的数学

灵动数学在学习过程中,注重让孩子体会数学知识来源于生活,又回归于生活。它的主要途径有两方面:一是让孩子运用生活经验,理解和验证所学的知识;二是应用数学知识、概念和思维方法,解决生活中的实际问题。

(三)"灵动数学"是促进孩子成长的数学

"灵动数学"的学习是孩子动手实践、自主探索与积累数学经验的过程。孩子在探索与合作交流中,理解和掌握基本的数学知识与技能,感悟和积累数学思维和方法,学会团体协作,乐享数学的奇妙,体验成功的喜悦。最终孩子可以用数学的眼光来观察世界,用数学的语言来阐述世界,在学习数学的过程中使自身的素养得以提升。

(四)"灵动数学"是充满儿童趣味的数学

数学学习是有趣味、有挑战的。儿童对事物充满好奇,喜欢争论,直观思维强,抽象思维不严密。"灵动数学"能增强孩子积极学习数学的兴趣和学好数学的信心,促使孩子养成良好的数学学习习惯和严谨科学的学习态度,具有良好的情感体验。

总之,艺术化的处理数学知识是"灵动数学"的主要标志,它是指教师根据学生已有的认知水平,运用各种方式灵活地呈现知识的发生发展过程,使学生易于接受,让孩子在玩中学、在乐中悟,体会到生活处处有数学,数学就在我身边。并且可以利用数学解决生活中很多有关数据的问题,从而实现数学的应用价值。

第二节 用数学绽放思维的光芒

《义务教育数学课程标准(2011年版)》课程目标明确指出："通过义务教育阶段的数学学习，学生能获得适应社会生活和进一步发展所必需的数学的基础知识、基本技能、基本思想、基本活动经验；体会数学知识之间、数学与其他学科之间、数学与生活之间的联系，运用数学的思维方式进行思考，增强发现和提出问题的能力、分析和解决问题的能力；了解数学的价值，提高学习数学的兴趣，增强学好数学的信心，养成良好的学习习惯，具有初步的创新意识和科学态度。"[①]数学课程除了有促使孩子掌握基础的知识技能，培养孩子抽象思维和推理能力的作用外，还有利于孩子在情感、态度与价值观等方面的个人塑造。换言之，义务教育的数学课程应为孩子未来的学习、工作与生活奠定重要的基础，并对孩子未来的个人发展与规划产生重要影响。因此，"灵动数学"通过结合数学学科核心素养的内涵，设置数学学科的课程目标，以求让儿童在学习过程中焕发灵活而严谨的数学思维。

一、 学科课程总体目标

义务教育阶段数学课程的设计应充分考虑本阶段儿童数学学习的特点，符合儿童的认知规律和心理特征。在进行"灵动数学"的课程内容教学中，教师应当注重培养与发展孩子的数感、符号意识、空间观念、几何直观、数据分析观念、运算能力、推理能力和模型思想，同时为适应时代发展对人才培养的需求，还应特别注重孩子的应用意识

---

① 中华人民共和国教育部. 义务教育数学课程标准(2011年版)[S]. 北京：北京师范大学出版社，2011：8.

和创新意识。① 为此，根据《义务教育数学课程标准（2011年版）》，我校结合孩子的实际推动"灵动数学"学科课程目标的设立，从"知识技能""数学思考""问题解决"和"情感态度"四个方面入手，最终落点于数学思维的培养。

（一）知识技能目标

知识技能的目标，主要是基于理解和掌握四个方面的课程内容。数与代数——理解数、代数等相关抽象概念，掌握数的运算与建模的方法过程等基本知识和基本技能；图形与几何——认识空间和平面基本图形，理解平移、旋转等抽象概念，掌握图形的基本性质、分类和度量、位置确定与运动的图形几何基础知识与技能；统计与概率——理解简单抽样、平均数等统计概念，掌握整理调查数据、绘制统计图表、计算平均数以及计算事件发生概率等基本数据分析方法与统计知识；综合与实践（应用）——参与综合实践活动，积累综合运用数学知识、技能和方法等解决简单问题的数学活动经验。知识技能目标是第一层面，也是后续三个目标的基础，是建立数学思维这幢高楼大厦中不可或缺的坚实瓦砖。

（二）数学思考目标

数学思考的目标主要是基于孩子的自我探索与思考，将零碎的知识点融会贯通后，串联形成知识网络，建立一定的数学观念与逻辑思维方式。在"数与代数"的学习中，形成初步的数感、模型思想与符号意识，具有一定的运算能力；在"图形与几何"中，初步形成几何直观和空间观念，发展形象思维与抽象思维；在"统计与概率"中培养数据分析观念、运算能力与推理能力；在"综合与实践"中，培养应用意识、模型思想，同时学会独立思考，合理发展创新意识。数学思考目标是基于上述知识技能目标之上的，它如同水泥一样，将一片片瓦砖拼接，砌出数学思维高楼的一面面墙。

---

① 中华人民共和国教育部. 义务教育数学课程标准（2011年版）[S]. 北京：北京师范大学出版社，2011：5.

(三) 问题解决目标

问题解决的目标主要基于将知识掌握、内化后的运用与实践。一方面要学会将生活中的问题数学化，初步学会从数学的角度发现问题和提出问题；另一方面，要学会综合运用多方面的数学知识，解决简单的实际问题，增强应用意识，提高实践能力。除此之外，还可以尝试提出多种不同方案解决同一问题，或将同一生活问题转化为不同的数学问题，学会开拓思维，寻求解决问题方法的多样性，发展孩子的创新意识。问题解决的目标便是基于初步形成的数学思维，立于高楼之上方能洞悉问题的根本，灵活调用各类数学知识得出解决方案，初步体现数学绽放的思维之光。

(四) 情感态度目标

情感态度的目标，主要是让孩子感受到数学的重要性与学习数学的趣味性，以让孩子在未来更愿意学习和探索数学。设置一系列数学活动，寓教于乐，培养孩子对数学的好奇心和求知欲，体验学习数学的乐趣；多给予孩子正面的鼓励，循循善诱，引导他们体会数学的特点，建立学习数学的自信心；合理设置课程内容，因材施教，培养他们良好的学习习惯与严谨求实的科学态度。换言之，便是引导孩子欣赏数学思维高楼之盛景，让他们一同体会数学思维之光，以期大厦的不断建设。

数学思维如同高楼大厦，而总目标的四个方面则是相辅相成、紧密联系又相互交融的有机整体，不可将任意一个割裂来看。"数学思考"、"问题解决"、"情感态度"的发展离不开技能的学习，知识技能的学习有利于前三者的实现。我校将秉承"灵动数学"的理念，在课程设计和教学活动组织中，同时兼顾以上四个课程目标，使孩子掌握基础知识技能，在培养他们抽象思维和推理能力的同时，注重孩子在情感、态度与价值观等方面的个人发展，让他们在学习过程中焕发灵活而严谨的数学思维。

二、 学科课程年级目标

"灵动数学"以人教版的教师教学用书和教材为蓝本,同时结合儿童的年龄发展以及认知规律,制定1—6年级"灵动数学"学科课程年级目标。这里仅以六年级为例来说明。(见表6-2-1)

表6-2-1　广州市黄埔区深井小学"灵动数学"课程目标表

年级	学期	单元	目标
六年级	上学期	第一单元	共同要求: 1. 理解分数乘法的意义是整数乘法意义的扩展,理解和掌握分数乘法的计算方法,会计算分数乘整数、分数、小数,能运用乘法运算定律进行一些简便计算。 2. 经历分数乘法计算方法的探索过程,能比较清楚地表达自己的思考过程和结果。 3. 经历应用分数乘法解决简单实际问题的过程,进一步培养分析、比较、抽象、概括、归纳、类推的能力,发展初步的合情推理和演绎推理的能力。 4. 感受知识之间的内在联系,提高自主探索与合作交流的学习能力,建立学好数学的信心。 校本要求: 1. 提高计算基础,会利用运算定律解决简便运算。 2. 掌握简单的计算小技巧。 3. 熟练地运用计算处理生活实际问题。
		第二单元	共同要求: 1. 会根据平面上一个点的位置说出它相对于观测点的方向和距离;会根据一个点相对于观测点的方向和距离确定这个点的具体位置;会描述简单的路线图。 2. 通过让孩子想象出物体的方位和相互之间的位置关系,培养空间观念。 3. 通过用方向和距离来表示平面上的位置,初步感受坐标法的思想。 4. 通过解决实际问题,体会确定位置在生活中的作用;探索和发现确定位置的有效方法。 5. 通过生活实例学习位置与方向的知识,感受数学与生活的紧密联系,学会在生活中应用数学。 校本要求: 1. 通过解决实际问题,体会确定位置在生活中的作用。 2. 探索和发现确定位置的有效方法。

年级	学期	单元	目标
		第三单元	共同要求： 1. 理解倒数的意义，掌握求一个数的倒数的方法。 2. 体会分数除法的意义，理解并掌握分数除法的计算方法，会进行分数除法计算。 3. 会解决一些和分数除法相关的实际问题。 4. 体会数学与生活的密切联系，体会并掌握模型、方程、数形结合等数学思想。 校本要求： 1. 丰富想象能力，锻炼逻辑思维能力。 2. 在合作与讨论中提高团队意识。
		第四单元	共同要求： 1. 理解比的意义，知道比与分数、除法的关系。 2. 理解并掌握比的基本性质，会求比值、化简比，能解答按比分配的实际问题。 3. 在理解比的意义、探索比与分数和除法之间的关系以及比的基本性质的过程中，体会类比法、推理思想，积累数学活动经验，体会数学知识之间的内在联系，把握数学知识的本质。 4. 经历用比描述生活现象和解决实际问题的过程，感受数学知识在日常生活中的应用价值。 校本要求： 1. 锻炼逻辑推理能力，体验多角度思考问题和分类讨论的严谨思维方式。 2. 培养对益智类游戏的兴趣。
		第五单元	共同要求： 1. 认识圆，学会用圆规画圆，掌握圆的基本特征。 2. 会利用直尺和圆规，在教师指导下设计一些与圆有关的图案。 3. 认识扇形，掌握扇形的一些基本特征。 4. 通过实践操作，理解圆周率的意义，理解和掌握圆的周长计算公式，并解决相应的实际问题。 5. 在推导圆的周长与面积的计算公式过程中，体会和掌握转化、极限等数学思想。 6. 引导孩子探索并掌握圆的面积计算公式，并解决一些简单的实际问题。 7. 经历尝试、探究、分析、反思等过程，培养数学活动经验，在解决一些与圆有关的数学问题的过程中，提高问题解决的能力。 8. 通过生活实例、数学史料，感受数学之美，了解数学文化，提高学习兴趣。 校本要求： 1. 丰富想象能力，锻炼逻辑思维能力。 2. 在合作与讨论中提高团队意识。

年级	学期	单元	目标
		第六单元	共同要求： 1. 理解百分数的意义，会正确地读、写百分数，会运用百分数表述生活中的一些数学现象。 2. 掌握小数、分数和百分数之间互化的方法。 3. 学会把分数的有关知识和技能迁移到百分数，体会类比的数学思想。 4. 在理解、分析数量关系的基础上，正确解决有关百分数的实际问题。 5. 感受百分数在日常生产和生活中的广泛应用，对周围环境中与百分数有关的事物具有好奇心，激发孩子学好数学的信心，锻炼克服困难的意志。 校本要求： 1. 在运用数学知识和方法解决问题的过程中，认识数学的价值。 2. 初步养成乐于思考、勇于质疑、言必有据等良好品质。
		第七单元	共同要求： 1. 了解扇形统计图的特点与作用，知道扇形统计图可以直观地反映部分数量占总数的百分比。 2. 能读懂扇形统计图，从中获取必要的信息，进一步体会统计在现实生活的作用。 3. 知道对于同样的数据可以有多种分析的方法，能根据需要选择合适的统计图，直观、有效地描述数据，进一步发展数据分析观念。 4. 感受统计知识与日常生活的紧密联系，体会统计的实用价值和统计思想。 校本要求： 1. 丰富想象能力，锻炼逻辑思维能力。 2. 在合作与讨论中提高团队意识。
		第八单元	共同要求： 1. 通过自主探究发现图形中隐藏着的数的规律，并会应用所发现的规律。 2. 经历探索规律的过程，在探索过程中学会思考，能比较清晰地描述思维过程，提高空间思维水平和逐排思维能力。 3. 在解决数学问题的过程中，体会和掌握数形结合、归纳推理、极限等基本的数学思想，运用数形结合的思想分析问题过程。 4. 感受数学的形式美，获取数学活动的成功体验，感受数学的价值。 校本要求： 1. 锻炼逻辑推理能力，体验多角度思考问题和分类讨论的严谨思维方式。 2. 培养对益智类游戏的兴趣。

年级	学期	单元	目标
	下学期	第一单元	共同要求： 1. 在熟悉的生活情境中初步认识负数，理解正数、负数的意义，能正确地读、写正数和负数。 2. 理解并掌握 0 既不是正数也不是负数的结论，知道数可以分为正数、0、负数，理解分类讨论思想。 3. 初步掌握用数轴上的点表示正、负数的方法，体会数形结合思想。 4. 愿意了解社会生活中和负数相关的信息，主动参与数学学习的活动，进一步感受数学的价值。 校本要求： 1. 丰富想象能力，锻炼逻辑思维能力。 2. 在合作与讨论中提高团队意识。
		第二单元	共同要求： 1. 理解折扣、成数、税率、利率的含义，知道它们在生活中的应用，会进行相关计算，在探究解决问题方法的过程中，发展数学思维。 2. 联系已有的知识和经验进行分析、比较、抽象、概括、归纳、推理等活动，提高解决有关百分数的实际问题的能力。 3. 感受数学知识和方法的应用价值，获得成功的体验，增强学习数学的兴趣和信心。 校本要求： 1. 在运用数学知识和方法解决问题的过程中，认识数学的价值。 2. 初步养成乐于思考、勇于质疑、言必有据等良好品质。
		第三单元	共同要求： 1. 认识圆柱和圆锥，掌握它们的基本特征。并认识圆柱的底面、侧面和高，认识圆锥的底面和高。 2. 引导探索并掌握圆柱的侧面积、表面积的计算方法，以及运用公式计算体积，解决有关的简单实际问题。 3. 通过观察、设计和制作圆柱、圆锥模型等活动，使孩子了解平面图形与立体图形之间的联系，发展他们的空间观念。 4. 理解除了研究几何图形的形状和特征，还要从数量的角度来研究几何图形，如图形的面积、体积等，体会数形结合思想。 5. 通过圆柱和圆锥体积公式的探索，使孩子体会转化、推理、极限、变中有不变等数学思想。 校本要求： 1. 丰富想象能力，锻炼逻辑思维能力。 2. 在合作与讨论中提高团队意识。

年级	学期	单元	目标
		第四单元	共同要求： 1. 理解比例的意义，会判断四个数是否能够组成比例。 2. 理解比例的基本性质，能正确地解比例。 3. 理解相关联的量，理解正比例和反比例的意义，掌握成正比例、反比例的量的变化规律。 4. 理解比例尺的意义，掌握相应的数量关系，能正确地求图上距离、实际距离和比例尺。 5. 认识正比例关系的图象，能根据给出的有正比例关系的数据在有坐标系的方格纸上画出图象，会根据其中一个量在图象中找出或估计出另一个量的值；体会数形结合思想。 6. 认识放大与缩小现象，能利用方格纸等形式按一定的比将简单图形放大与缩小，体会图形的相似。 7. 能运用比例的相关知识，分析、解决实际问题，并在经历问题解决的过程中，积累和丰富解决问题的经验策略，提高问题解决能力。 8. 体会比例知识与其他知识之间的联系，综合运用多种知识，灵活解决实际问题，促进对知识间关系的理解，提高数学素养。 9. 体会函数思想，使孩子受到辩证唯物主义观点的启蒙教育。 校本要求： 1. 在运用数学知识和方法解决问题的过程中，认识数学的价值。 2. 初步养成乐于思考、勇于质疑、言必有据等良好品质。

总之，在课程设计和教学活动中，我们将学科课程总目标与年级单元目标相互渗透，有机融合起来，让孩子们的数学思维不断得到绽放，从而更好地培养孩子们的数学学科素养。

第三节　富有文化张力的数学学习生活

《义务教育数学课程标准（2011 年版）》中指出："数学课程应致力于实现义务教育阶段的培养目标，要面向全体学生，适应学生个性发展的需要，使得人人都能获得良好的数学教育，不同的人在数学上得到不同的发展。"①儿童的主体性和价值感的充分展现，既是数学文化有效营造的表现，也是深度学习有效发生的内驱力，"灵动数学"课程聚焦数学课程标准的课程目标，开发丰富数学学科拓展课程，构建相互补充、相互促进的课程体系，适应儿童个性发展的需求，促进全面发展，从而为他们今后的学习和终身发展奠定良好的基础。

一、学科课程结构

《义务教育数学课程标准（2011 年版）》在课程内容上设置了"数与代数""图形与几何""统计与概率""综合与实践"四个部分，而数学文化作为一种文明传承，其内容与思想能够激励人们不断前行，是人类文明的重要体现。因此"灵动数学"课程以课程标准为基准，致力于在数学教学中渗透数学文化，激发孩子的学习兴趣，充分考虑儿童学习数学的生活经验、知识背景、思维个性等一系列的差异，旨在弘扬学习的主体性，促进每一位孩子持续、和谐、充分的发展。具体分为"灵动运算""灵动几何""灵动统计""灵动实践"四大模块，从而形成数学学科"灵动数学"课程群。（见图 6-3-1）

图 6-3-1 广州市黄埔区深井小学"灵动数学"课程群结构图

---

① 中华人民共和国教育部. 义务教育数学课程标准（2011 年版）[S]. 北京：北京师范大学出版社，2011：2.

灵动运算。"灵动运算"课程与"数与代数"领域对应,在义务教育阶段的数学课程中占相当重要的地位,有着重要的教育价值。因此开设"卡片计算""无敌计算王""算减一升""精打细算""算式之谜""长期打算"等课程,通过"玩游戏、学数学、育素养",借助数学游戏素材,帮助孩子理解算理,掌握算法,激发学习兴趣,提高他们的运算能力和数学思维。

灵动几何。"灵动几何"课程与"图形与几何"领域对应,是帮助孩子生存并促进其发展的重要基础,是帮助他们形成创新意识,发展数学思维所必要的土壤。因此,开设"图形之美""玩转七巧板""图形斗角""美轮美奂""图形创意""图形艺术"等课程。通过"问题情景—建立模型—解释应用—拓展反思"的基本模式展现空间与图形内容,让孩子经历"数学化"和"再创造"的过程,从而发展他们的空间观念。

灵动统计。"灵动统计"课程与"统计与概率"领域对应,小学数学统计与概率在新课标中占据重要位置,在学习统计与概率的过程中,将会涉及解决问题、计算、推理,以及整数、分数、比值等知识。因此,开设"数一数二""我会分类""生活习惯""学习习惯""我爱调查""我爱统计"等课程。让孩子在玩中学、在乐中悟,体会到生活处处有数学,并且可以利用数学解决生活中很多有关数据的问题,从而实现数学的应用价值。

灵动实践。"灵动实践"课程与"综合与实践"领域对应,其本质是一种解决问题的活动,是孩子运用所学知识进行实践与综合应用,对知识理解的延伸与升华。因此,开设"小小建筑师""发现规律""量量比比""小小设计师""实地测量""制作活动日历"等课程。通过活动培养孩子综合运用有关的知识与方法解决实际问题,培养问题意识、应用意识和创新意识,丰富他们的活动经验,提高他们解决现实问题的能力。

二、 学科课程设置

"灵动数学"课程群以课程目标为基础,横向分为"灵动运算、灵动几何、灵动统计、灵动实践"等四类;纵向包括1—6年级12个学期的课程布局。(见表6-3-1)

表6-3-1　广州市黄埔区深井小学"灵动数学"课程设置表

课程名称 年级		灵动运算	灵动几何	灵动统计	灵动实践
一年级	上学期	卡片计算	图形之美	数一数二	小小建筑师
	下学期	无敌计算王	玩转七巧板	我会分类	发现规律
二年级	上学期	算减一升	图形斗角	生活习惯	量量比比
	下学期	精打细算	美轮美奂	学习习惯	小小设计师
三年级	上学期	算式之谜	图形创意	我爱调查	实地测量
	下学期	成算在心	图形艺术	我爱统计	制作活动日历
四年级	上学期	数大心细	以形论形	天气预报	时间安排
	下学期	随机应变	鉴你所见	人口预测	营养午餐
五年级	上学期	思前算后	面面俱到	事件推测	植树问题
	下学期	策无遗算	体态异变	身高平均值	打电话
六年级	上学期	远谋深算	以形解形	计算数论	体育中的数学
	下学期	长期打算	以图论图	大数据分析	自行车里的数学

"灵动数学"课程设置以《义务教育数学课程标准（2011年版）》为依据，纵向成独立并层级上升，横向则联系且相互交融，让儿童在数学文化的润泽中，在数学思维的碰撞中，不断提升数学素养，用数学感知生活中数与量的动态美，促进每一个孩子都能得到更好的发展。

第四节　寓教于乐的趣味数学活动

《义务教育数学课程标准（2011年版）》指出："教学活动是师生积极参与、交往互动、共同发展的过程。数学教学应根据具体的教学内容，注意使学生在获得间接经验的同时也能够有机会获得直接经验，即从学生实际出发，创设有助于学生自主学习的问题情境,引导学生通过实践、思考、探索、交流等,获得数学的基础知识、基本技能、基本思想、基本活动经验,促使学生主动地、富有个性地学习,不断提高发现问题和提出问题的能力、分析问题和解决问题的能力。"①为此,根据"灵动数学"的课程理念、学科性质、课程目标等方面的要求,我校将从"灵动课堂""灵动课程群""灵动节日""灵动社团""灵动探究"等几方面进行课程实施。

一、 建设"灵动课堂",提升数学课程实施品质

"灵动课堂"是富有灵性而生动的课堂,它结合教材的目标、内容特点以及儿童的认知发展规律,确定以小组合作的学习方式,锻炼儿童的综合能力,激发他们的求知欲望。"灵动课堂"分为如下几大环节:创设情境、小组讨论、小组展示、质疑补充、归纳总结、能力提升。具体如下:

创设情境。根据儿童的学习情况,教师对教材内容进行加工,设计出符合儿童情况的教学过程:教师讲解精简到位,每位儿童都有充分参与课堂的机会,既能在课堂上展示自我,也能收获知识和锻炼能力;习题的量也要得当,尤其要正确认识儿童个体差异,通过教师的讲解和小组合作,关注儿童的个体差异,使每个儿童都在原有的基础上得到发展;体会并掌握数学知识和成功解题带来的成就感,树立学好数学的自信心。

小组讨论。面对新知,每位儿童都有自己的理解。因此,教师引导儿童以小组为单位,围绕所学知识,与组内成员进行讨论,各抒己见,从而达成共识。

小组展示。教师鼓励儿童积极发言,在展示自我中提升自己,儿童在合理分工下分享讨论的成果,展示各自的风采。

质疑补充。学习应该要具备理性批判的精神,儿童在互相尊重的前提下,与他人

---

① 中华人民共和国教育部. 义务教育数学课程标准(2011 年版)[S].北京:北京师范大学出版社,2011:46.

分享经验方法。因此,这个环节为台下的"观众"提供了互动的机会,教师引导他们对台上的小组提出质疑,在思维碰撞的过程中加深对知识的理解。

归纳总结。教师引领着儿童得出结论,获得学习的经验,让孩子对新知有更深层次的理解,使他们的情感在愉悦的学习体验中得到升华。

能力提升。儿童对知识的渴求程度远不止于教材的内容,教师适当地对内容进行延伸,既能锻炼思维,丰富知识面,又能激发儿童的求知欲望。因此,能力提升环节应注重检验儿童学以致用的程度,并鼓励他们课后主动探索新知,有利于后续学习新内容。

二、 开发"灵动课程",丰富数学学科课程体系

为使我校学生达到并高于国家课程标准中的各项要求,让学生的个性化发展需要得到充分满足,"灵动课程群"结合师资力量和学校现有资源,按照"1＋X"形式从小学数学的四大板块——数与代数、图形与几何、统计与概率、综合与实践组建数学学科课程群,提高儿童数学综合能力。《义务教育数学课程标准(2011年版)》总目标中的第一条就明确提出了获得"四基"的要求:"通过义务教育阶段的数学学习,儿童能获得适应社会生活和进一步发展所必需的数学的基础知识、基本技能、基本思想、基本活动经验。"数学课程目标由"双基"发展到"四基",成为此次课标修订的一个重要标志。

基础知识:数学知识的教学,应注重儿童对所学知识的理解,体会数学知识之间的关联。儿童掌握数学知识,不能依赖死记硬背,而应以理解为基础,并在知识的应用中不断巩固和深化。为了帮助儿童真正理解数学知识,教师应注重数学知识与儿童生活经验的联系、与儿童学科知识的联系,组织儿童开展实验、操作、尝试等活动,引导儿童进行观察、分析,抽象概况,运用知识进行判断。教师还应揭示知识的数学实质及其体现的数学思想,帮助儿童理清相关知识之间的区别和联系等。数学知识的教学,应注重知识的"生长点"与"延伸点",把每堂课教学的知识置于整体知识的体系中,注重知识的结构和体系,处理好局部知识与整体知识的关系,引导儿童感受数学的整体性,

体会对于某些数学知识可以从不同的角度加以分析、从不同的层次进行理解。①

基本技能：在基本技能的教学中，教师不仅要指导儿童掌握技能操作的程序和步骤，还要使儿童理解程序和步骤的道理。例如，对于整数乘法计算，儿童不仅要掌握如何进行计算，而且要知道相应的算理；对于尺规作图，儿童不仅要知道作图的步骤，而且要能知道实施这些步骤的理由。基本技能的形成，需要一定量的训练，但要适度，不能依赖机械的重复操作，要注重训练的实效性。教师应把握技能形成的阶段性，根据内容的要求和儿童的实际，分层次地落实。②

基本思想：数学思想蕴含在数学知识形成、发展和应用的过程中，是数学知识和方法在更高层次上的抽象与概括，如抽象、分类、归纳、演绎、模型等。儿童在积极参与教学活动的过程中，通过独立思考、合作交流，逐步感悟数学思想。例如，分类是一种重要的数学思想。学习数学的过程中经常会遇到分类问题，如数的分类、图形的分类、代数式的分类、函数的分类等。在研究数学问题中，常常需要通过分类讨论解决问题，分类的过程就是对事物共性的抽象过程。教学活动中，要使儿童逐步体会为什么要分类，如何分类，如何确定分类的标准，在分类的过程中如何认识对象的性质，如何区别不同对象的不同性质。通过多次反复的思考和长时间的积累，使儿童逐步感悟分类是一种重要的思想。学会分类，有助于学习新的数学知识，有助于分析和解决新的数学问题。

基本活动经验：数学活动经验的积累是提高儿童数学素养的重要标志。帮助儿童积累数学活动经验是数学教学的重要目标，是儿童不断经历、体验各种数学活动过程的结果。数学活动经验需要在"做"的过程和"思考"的过程中积淀，是在数学学习活动过程中逐步积累的。教学中注重结合具体的学习内容，设计有效的数学探究活动，使儿童经历数学的发生发展过程，是儿童积累数学活动经验的重要途径。例如，在统

① 中华人民共和国教育部. 义务教育数学课程标准(2011年版)[S]. 北京：北京师范大学出版社,2011：46.
② 中华人民共和国教育部. 义务教育数学课程标准(2011年版)[S]. 北京：北京师范大学出版社,2011：47.

计教学中,设计有效的统计活动,使儿童经历完整的统计过程,包括收集数据、整理数据、展示数据、从数据中提取信息,并利用这些信息说明问题。儿童在这样的过程中,不断积累统计活动经验,加深理解统计思想与方法。(见表6-4-1)

表6-4-1 广州市黄埔区深井小学"1+ X 灵动课程群"的"X"课程细目表

X课程名称	课程目标	课程内容	课程实施	适用年级
活学活用	1. 从日常生活中发现和提出简单的数学问题,并尝试解决; 2. 了解分析问题和解决问题的基本方法,知道一个问题可以有不同的解决方法; 3. 体验与他人合作交流解决问题的过程。	1. 问题类型:归一问题、归总问题、和差问题、追及问题、植树问题、路程问题等; 2. 解题步骤:阅读与理解、分析与解答、回顾与反思; 3. 解决方法:找关键词、单位转化、公式法、迁移法、数形结合等。	1. 选用素材。教学素材选用根据学生的认知水平和活动经验; 2. 方法指导。利用公式法、迁移法、数形结合法等方法解决实际问题; 3. 总结方法。以小组为单位总结每种题型的解题方法和技巧; 4. 合作学习。课后小组合作,互考互助。	一至三年级
计算小能手	1. 理解万以内数的意义,初步认识分数和小数,体会四则运算的意义,掌握必要的运算技能; 2. 运用数描述现实生活中的简单现象,对运算的结果进行估计的过程中,发展数感; 3. 体验与他人合作交流解决问题的过程。	1. 数的类型:20 以内的数、100 以内的数、万以内的数; 2. 口算类型:20 以内的加减法、100 以内的加减法、表内乘法、表内除法、整十整百整千乘一位数等; 3. 笔算类型:100 以内的加减法、万以内的加减法、表内除法、多位数乘一位数、两位数乘两位数、除数是一位数的除法等。	1. 课前训练。围绕各年级学习的内容开展课前 5 分钟口算练习; 2. 堂上练习。结合计算课的练习限时训练; 3. 互动互助。形成一对一,互考互助; 4. 课后检测。课后随机抽取若干名学生进行检测过关。	一至三年级

X课程名称	课程目标	课程内容	课程实施	适用年级
数一数二	1. 通过"数一数"、"摆一摆"等多种方法和途径，了解生活中的数； 2. 初步建立数感和一一对应的思想，渗透应用意识。	1. 一年级：以10以内的数、20以内的数为主，100以内的数为主； 2. 二年级：以100以内的数、万以内的数为主； 3. 数位：个、十、百、千、万。	1. 器材准备。木棒、计数器、电子图、扑克牌等； 2. 学习数字。认识数，并知道每个数是几位数和最高位数是几； 3. 卡片训练。附有数位的数、每张卡片对应有一个数；并在学习合作中你摆我说，并说出最高位的数是几； 4. 生活举例。用具体的数描述简单的数学现象。	一至二年级
命题小能手	1. 巩固已学知识； 2. 以命题者的角度思考问题，提高思维严谨度； 3. 在设计和解决问题时大胆质疑，形成思维的碰撞，在学习上互相督促和帮扶，促进彼此的友谊。	1. 教材知识点：三至六年级教科书上的知识点； 2. 教材易错题：三至六年级教科书或教辅资料书上的原题，以计算题和实际应用题为主。	1. 团队构建。以两人或三人为单位组建小组，并为小组命名； 2. 修改题目。学生翻阅本学期教科书或教辅资料中的易错题，在原题基础上设置"陷阱"，创作新的题目，交给教师"审核"； 3. 组内互动。"审核"过关后，给组内另一位成员完成试题，待组员完成后，为组员批改并点评题目，分析考点，易错点。	四至六年级

续表

X课程名称	课程目标	课程内容	课程实施	适用年级
巧学妙用	1. 能探索分析解决简单问题的有效方法，了解解决问题方法的多样性； 2. 经历与他人合作交流解决问题的过程，尝试解释自己的思考过程； 3. 在运用数学知识和方法解决问题的过程中，认识数学的价值； 4. 初步养成乐于思考、勇于质疑、言必有据等良好品质。	1. 问题类型：行程问题、追及问题、植树问题、几何问题等； 2. 解题步骤：阅读与理解、分析与解答、回顾与反思； 3. 解题技巧：找关键词、单位转化、简便运算、等量关系式等、运用公式等。	1. 例题展示。分析题目、找对关键词、注意单位转换、利用公式等； 2. 举一反三。变式训练、尝试解答； 3. 总结方法。以小组为单位总结每种题型的解题方法和技巧。	四至六年级
计算小达人	1. 认识万以上的数；理解分数、小数、百分数的意义；掌握必要的运算技能； 2. 能较清楚地表达自己的思考过程与结果，讲清楚笔算算理等； 3. 相信自己能够学好数学，养成乐于思考、勇于质疑等良好品质。	1. 计算类型：口算、笔算、脱式计算、估算、简便计算； 2. 三大运算律：交换律、分配律、结合律； 3. 四则运算：加法运算、减法运算、乘法运算、除法运算。	1. 课前练习。围绕各年级学习的内容开展课前5分钟口算练习； 2. 堂上练习。结合计算课的练习限时训练； 3. 互动互助。形成一对一，互考互助； 4. 课后检测。课后随机抽取若干名学生进行检测过关。	四至六年级

三、 创设"灵动节日"，活跃数学学习氛围

"灵动节日"是深井小学多年来特有的文化节。每临近"数学月"，儿童便满怀期待地为文化节做足准备。在节日期间，全校师生积极参与其中，校园总会响起一阵又一阵的欢腾声。这样的节日活动，他们能真正感受到数学源于生活，也服务于生活的特性。在这个节日里，儿童有机会充分地运用数学知识解决问题。"灵动数学"在结合传

统节日的特色之余，更具备了学校独有的数学文化，如：多米诺骨牌、数学城堡、加减乘除和数学展报等，以下是深井小学"灵动节日"课程安排。（见表6-4-2）

表6-4-2 广州市黄埔区深井小学"灵动节日"活动细目表

活动名称	活动目的	活动内容	活动实施	参与成员
国庆数学节之玩转多米诺	1. 提高废物循环再用的意识； 2. 丰富想象能力，锻炼逻辑思维能力； 3. 在合作与讨论中提高团队意识。 4. 迎国庆，提升爱国意识。	1. 规则技巧：多米诺骨牌游戏的规则与玩法技巧； 2. 文字图案：如霸王花、"迎"、"国"、"庆"、"人"、棒棒糖、红日、城堡、"2019""♥"等图案； 3. 人字形"70"； 4. 一面在北京天安门展示过国旗。	1. 废物再利用。中秋节假期后，将家中废弃的月饼盒带回学校； 2. 技巧学习。月饼盒按照一定的间距排成一行或多行，或是分行排成一片的摆法学习； 3. 作品练习。尝试摆出不同形状的物体，并从中选出一个活动当天展示的成果，摆法多加练习； 4. 作品展示。以年级为单位，用月饼盒摆出各自形状的文字图案多米诺骨牌，并介绍其寓意。	全校师生
中秋数学节之数学城堡	1. 体会到数学源于生活并服务于生活，并掌握简单几何图形的特征； 2. 掌握简单几何图形的相关公式； 3. 利用几何图形知识点解决生活实际问题。	1. 图形特征：简单平面、复合平面图形和简单立体、复合立体图形的基础特征，如三角形的边和角，月饼平面所包含的图形以及各种组合立体图形形成的月饼盒。长方体的面、棱长； 2. 数学公式：部分规则平面图形（如三角形、长方形、正方形、圆）的周长和面积公式，立体图形（如长方体、正方体、圆柱体等）的表面积和体积。	1. 模型准备。三角板、长方形和正方形的纸片、梯形纸片，长方体、正方体、圆柱体等； 2. 梳理知识。回顾已学过的几何图形的特征和对应公式； 3. 拼搭模型。发挥想象力将平面或立体图形拼成平面或立体的城堡，并在每个图形后附上实际问题。 4. 解决问题。辨别出数学乐园所包含的几何图形，并写上图形的名字。再以小组为单位，分别抽出每个图形背后的问题。	三至六年级

续表

活动名称	活动目的	活动内容	活动实施	参与成员
端午数学节之加减乘除	1. 提高计算基础，会利用运算律解决简便运算题； 2. 掌握简单的计算小技巧； 3. 熟练地运用计算处理生活实际问题。	1. 计算练习：三年级以多位数乘以一位数、两位数乘以两位数、除数是一位数的除法以及分数的初步认识为主；四年级以四则运算，小数加减法以及简便运算律为主；五年级以小数乘除法、解方程、分数除法、通分与约分为主； 2. 随堂任务：定时定量的加减乘除运算任务； 3. 实际问题：方程问题、进一法、去尾法问题、相遇问题等需用计算解决的实际问题。	1. 讲解示范。例题示范，小组讨论，总结方法技巧； 2. 熟能生巧。运用简便运算方法解决不同难度的计算题； 3. 过关斩将。用不同的方法解决不同类型的实际问题。	三至五年级
春节数学节之数学展报	1. 通过制作春节有关的数学手抄报，强化动手能力及审美意识； 2. 通过图文等不同形式的制作方式，提高创作能力； 3. 通过搜集与数学和春节相关的内容对其进行一定的拓展延伸，让自己对数学产生兴趣。	1. 教材知识：每个单元的基础知识； 2. 影视素材：网上精美图案、优秀思维导图； 3. 案例成果：获奖的数学展报作品。	1. 整理知识。回顾教材内容，梳理单元知识点； 2. 影视学习。观赏网上精美图案以及思维导图并以此为模板进行绘图练习； 3. 赏析成果。展示、分析并借鉴优秀展报作品； 4. 实践操作。制作一份以数学教材单元内容为主题的展报。	三至六年级

四、建设"灵动社团"，培养数学学习兴趣

我校的数学社团不仅包含基础类的数学学科，也包含一些益智类的游戏社团。每

个学期开学前，数学科组教师提前制定开设社团的计划，并在学期开始时，组织儿童有序地选择自己感兴趣的的数学社团，报名参加，以自愿为原则，充分尊重儿童的选择权。在报名结束后，数学科组成员与教学管理中心互相协调，最终确定社团的负责老师以及儿童名单，并按照计划实施。（见表6-4-3）

表6-4-3　广州市黄埔区深井小学"灵动社团"的课程细目表

社团名称	开展目的	开展内容	开展途径	年级
一站到底社团	1. 提高口算和心算能力； 2. 通过看别人的解题思路，总结方法，提高解题的能力； 3. 增强学习数学的兴趣，进一步培养合作意识和探索能力。	1. "24点"叙述：发明者、影响力、用处等； 2. "24点"规则：用加减乘除把牌面上的数算成24； 3. 解题方法：利用3×8＝24、4×6＝24求解、利用0、11的运算特性求解、先乘后加、先乘后减、消去法、会意法、上天法、入地法等。	1. 讲练结合。通过教听讲和练习，从中总结出解题的方法和技巧； 2. 小组训练。通过玩口算卡片、学习搭档互相出题等形式不断强化； 3. 开展比赛。开展24点比赛"一站到底"，形成良性竞争，提供展示的机会。	三至六年级
魔幻魔方社团	1. 运用魔方操作，培养实践能力、观察能力、记忆能力和思考能力等； 2. 通过魔方游戏，感受转化思想、空间观念、抽象意识、合作观念等。	1. 魔方历程：来历、流行、发展； 2. 魔方类型：二阶魔方、三阶魔方、四阶魔方等普通魔方；镜面魔方、五魔方等异性魔方； 3. 入门公式：左手公式、右手公式、一字公式、拐角公式、左小鱼公式、右小鱼公式； 4. 魔方复原方法：分层法、角先法、棱先法、公式法等。	1. 介绍知识。利用第二课堂对学生进行集中教学，了解魔方的由来和玩法以及种类； 2. 实例演示。实例操作或观看一些魔方比赛的视频，例如最强大脑等； 3. 操作训练。反复练习、复原三阶魔方。	四至六年级

社团名称	开展目的	开展内容	开展途径	年级
三阶数独社团	1. 初步认识三阶数独的由来，掌握数独的游戏规则及简单通关技巧； 2. 锻炼逻辑推理能力，体验多角度思考问题和分类讨论的严谨思维方式； 3. 培养对益智类游戏的兴趣。	1. 数独文化：三阶数独历史由来与规则； 2. 通关技巧：摒除法、余数法、区块法、数对法等； 3. 难度分层："简单""中等""困难"以及"专家"级别的三阶数独难度。	1. 聆听数独故事。观看数独历史由来的视频，了解数独游戏； 2. 技巧学习与训练。了解数独规则，破解技巧并加以训练； 3. 过五关斩六将。从易到难地逐个级别突破，并在这个过程中探究取胜的奥秘。	四至六年级
炫彩巧拼社团	1. 使用七巧板"巧"学图形，在感受七巧板好玩的同时，巩固对图形的认识； 2. 运用七巧板游戏激发创作兴趣，实现合作学习； 3. 通过七巧板生活中认识的图形或事物，培养想象力和创造性思维。	1. 七巧板叙述：基本定义、具体结构、相关历史、名称说法、发展流程、好处和用处； 2. 七巧板玩法：依图成形、见影排形、自创图形、数学研究； 3. 游戏规则：以各种不同的拼凑法来拼搭千变万化的形象图案；	1. 图形欣赏。观赏七巧板创意组合图形：鱼、猫、狗、人； 2. 拼接指导。用七巧板创造性地拼成鱼、屋子、兔子等图形； 3. 共同欣赏。互相交流展评七巧板作品、简单讲解各个作品； 4. 自制七巧板。①正方形对折成 2 个直角等边三角形；②用其中的一个三角形对折成 2 个三角形，剪下来就形成七巧板中最大的 2 个三角形；③用另一个直角等边三角形在其直角到斜边的垂线的二分之一处画一条底边的平行线，剪下一个三角形就是七巧板的中三角形；④用剩下的图形依次剪出正方形、三角形和平行四边形。	一至三年级

社团名称	开展目的	开展内容	开展途径	年级
数学故事社团	1. 了解与三到六年级的数学内容相关的数学史； 2. 重新感受数学家发现知识的过程，体会简单的数学思想，加深对课本内容的理解，并学以致用； 3. 以数学家为榜样，激发学习动力。	1. 数学家：高斯、阿基米德、陈景润、祖冲之等； 2. 名人故事：田忌赛马、鸡兔同笼、高斯定理等。	1. 分享故事。围绕三至六年级教科书内容，分享数学家们发现知识定理的过程的小故事； 2. 查阅资料。学生利用课余时间，翻阅书籍或者上网等形式搜索更多课本内容背后的历史故事，并在课堂上分享； 3. 知识再现。探究、推导新知，体会数学家们发现定理的过程，感受其中的数学思想。	三至六年级

五、 开展"灵动探究"，提高数学实践能力

"灵动探究"的本质是研究和解决问题，是小学数学中的一种综合实践活动。在整个过程中要结合生活实际，将生活问题转化为数学问题，并运用数学知识解决，让儿童在探究过程中得出实践成果。"灵动探究"以生活现象为背景，让儿童经历发现、探索、解决问题等主要过程。我校教师积极利用各种资源，结合儿童的实际情况，通过讨论探究范围、方法、过程等步骤，为探究定下基调，并以问题为载体，以探究数量关系和空间形式为核心，达到提高儿童的数学素养、增强儿童团队合作意识和动手操作实践、创新能力的目的。

选定范围——提出问题。教师根据儿童现有的知识水平，给儿童定下探究的范围。如围绕自身的爱好或者日常生活中的一些现象展开思考，并提出问题，从中选出可行的、紧贴数学的问题。

开展活动——以小组为单位,让组内成员明确分工,深入探究,如上网搜索资料、建立数学模型、动手实践、不断优化和完善问题等。

探究总结——儿童互相分享探究成果,通过反思探究的历程,梳理本次出现的问题,讨论下次如何避免出现类似情况,向教师汇报收获,教师点评,并给出更优化的建议。(见表6-4-4)

表6-4-4　广州市黄埔区深井小学"灵动探究"活动细目表

年级	探究案例
一年级	一分钟我能做什么、哪些现象体现"10"的重要性、制作玩具表
二年级	默数时间与实际时间的差距、一个水龙头一年能漏多少水
三年级	制作足球日历、三年级同学一年内用在学习上的费用
四年级	二十元能买到多少学习用品、调查零花钱
五年级	纸皮箱能拼出哪些立体图像、投骰子各个数字出现的可能性
六年级	哪种电话卡的套餐更优惠、从A地到B地的优选交通方式(省时、省钱角度考虑)

在低年级学段,儿童的生活经验不足,教师要结合其认知程度,创设生动有趣的情境,引导儿童通过观察、猜想、表达、交流等活动,初步学会从数学的角度去观察事物、思考问题,激发儿童学数学的主观意愿,让他们认识最基本的数学元素,掌握最基本的数学知识和技能。在中年级学段,儿童积累了一定的生活常识,教师要联系生活实际情况,根据儿童已有的经验知识创设自主学习、合作交流的情境,通过观察、猜想、操作、归纳、反思等活动激发出他们的求知欲,同时让他们切实体会到数学源于生活并服务于生活。在高年级学段,儿童的认知水平更高,综合能力更强,教师以时事热点为背景,创设自主学习、探究、总结反思的课堂,引导儿童通过思考、探索、实践、交流和反复练习,加深对新知的理解。这样的实践课堂既能提高儿童动手和表达能力,又能展示个人的风采。

(撰稿者：巫坚林　陈新纨　曾嘉俊　凌浩钊)

第七章

童趣英语：让英语学习更有趣

　　童年是基石，奠定了人生的未来；童年是快乐，唱响了人生的乐章；童年是坐标，记录着人生的起点。卢梭说过，"大自然希望儿童在成人以前就像儿童的样子"。多给孩子们一点自由，多给他们一点童趣，顺应儿童发展的天性，让他们保持童真和童心，发现童趣是那么的有意义，发现英语课堂是那么的丰富多彩。有童趣的英语课堂是那么的快乐、自然，是那么的生动活泼，是那么的多姿多彩。童趣英语让英语学习更加有趣。

广州市黄埔区深井小学英语教研组共有教师 5 人，师资队伍优良，结构合理，拥有广州市百千万学科带头人 1 名，且建立了名师工作室；广州市最美教师 1 名。随着课程改革的不断深入，深井小学英语教研组深化课堂改革，研究小学英语教材教法，取得了一定的成绩。现依据教育部《关于深化课程改革，落实立德树人根本任务的意见》和《义务教育小学课程标准（2011 年版）》，全面推进英语学科课程建设。

第一节　爱英语，爱生活

义务教育阶段的英语课程具有"工具性"和"人文性"双重性质。就"工具性"而言，英语课程承担着培养学生基本英语素养和发展学生思维能力的任务，即学生通过英语课程掌握基本的英语语言知识，发展基本的英语听、说、读、写技能，初步形成用英语与他人交流的能力，进一步促进思维能力的发展，为今后继续学习英语和用英语学习其他相关科学文化知识奠定基础。就"人文性"而言，英语课程承担着提高学生综合人文素养的任务，即学生通过英语课程能够开阔视野，丰富生活经历，形成跨文化意识，增强爱国主义精神，发展创新能力，形成良好的品格和正确的人生观与价值观。"工具性"和"人文性"统一的英语课程有利于为学生的终身发展奠定基础。[①]

一、学科性质观

根据《义务教育英语课程标准（2011 年版）》的指引，我们知道，掌握基础语言知识、发展基本交际技能和跨文化意识、促进思维发展、提高人文素养、为终身发展奠定

---

① 中华人民共和国教育部. 义务教育小学英语课程标准（2011 年版）[S]. 北京：北京师范大学出版社，2012：2.

基础等要点,进一步明确了外语课程"工具性"和"人文性"的统一。有助于课程实施者更清晰准确地认识英语课程的性质和价值。[①]

我们在实际的英语教学过程中,突出英语课程的"工具性"和"人文性"双重特性,更符合社会发展对外语人才培养的需求;强调语言学习的渐进性和持续性,更符合外语学习的内在规律。以人文知识丰富学生成长的方法,努力提升儿童的英语素养,提高学生听说读写能力,培养儿童的实践能力。拓展英语学科的外延,英语学习与生活相融合,培养儿童的人文情怀。传承民族优秀文化,营造浓厚的学习氛围,培养学生的学习能力。

二、 学科课程理念

《义务教育英语课程标准(2011年版)》中明确提出,义务教育阶段英语课程的主要目的是为学生发展综合语言运用能力打基础,为他们继续学习英语和未来发展创造有利条件。语言既是交流的工具,也是思维的工具。学习一门外语能够促进人的心智发展,有助于学生认识世界的多样性,在体验中外文化的异同中形成跨文化意识,增进国际理解,弘扬爱国主义精神,形成社会责任感和创新意识,提高人文素养。[②]

教材不仅要符合学生的知识、认知和心理发展水平,还要充分考虑不同年龄段学生的兴趣、爱好、愿望等学习需求。为此,教材应紧密联系学生的实际生活,选择具有时代气息的语言材料和丰富多彩的表现形式,创设尽量真实的语言运用情境,设计生动活泼、互动性较强的语言学习活动,提高学生的学习兴趣和学习动机。[③] 结合课程标准的要求,并结合本校的英语课程现状,我们提出了符合学校特色的英语课程"童趣

[①] 陈力.《义务教育英语课程标准(2011年版)》的新发展[J]. 中小学管理,2012(4):16—19.

[②] 中华人民共和国教育部. 义务教育小学英语课程标准(2011年版)[S]. 北京: 北京师范大学出版社,2012: 2.

[③] 中华人民共和国教育部. 义务教育小学英语课程标准(2011年版)[S]. 北京: 北京师范大学出版社,2012: 26.

英语"。

所谓"童趣"，"童"，是指儿童（也可指童年）；"趣"是趣事。"童趣"，即童年生活的情趣。童年的乐趣，天真烂漫。"童趣"可以理解为童真，童稚。同时，也表示人所具有的主动性和自由性，满是生气活力的精神状态，人的精神性的自我展现。"童趣"是指英语的教学活动应该是有趣味的活动，与英语的"工具性"相一致。以孩子们喜欢的、乐于接受的方式开展英语教学，使英语学科的"工具性"得以实施。"童趣"也提示孩子主动学习的需求，指向英语学习的"人文性"。通过提升学生的兴趣，使英语的"人文性"在学生的心里内化、滋长，涵养学生的人文素养，提升英语的核心素养。"童趣英语"就是把英语的"人文性"和"工具性"进行更好地融合，创造性地开发和利用现实生活中鲜活的英语学习资源的英语。

（一）"童趣英语"是儿童中心的英语

小学英语体现以儿童为中心的思想，在教学目标、教学内容、教学过程、教学评价和教学资源的利用与开发等方面都应考虑儿童的发展需求。"童趣英语"课程是儿童在教师的指导下构建知识、发展技能、拓展视野、活跃思维、展现个性的过程。根据儿童的年龄、性格、认知方式、生活环境等各个因素，满足孩子们的学习需求和学习特点，以获得最大化的整体教学效益为课程宗旨。

（二）"童趣英语"是紧跟时代的英语

英语作为全球使用最广泛的语言之一，已经成为国际交往和科技、文化交流的重要工具。在义务教育阶段开设英语课程对儿童的未来发展具有重要意义。"童趣英语"有利于儿童更好地了解世界，跟上时代的需求，学习先进的科学文化知识，传播中国文化，增进各国青少年的相互沟通和理解。学习英语能帮助他们形成开放、包容的性格，发展跨文化交流的意识与能力，促进思维发展，形成正确的人生观、价值观和良好的人文素养。

(三)"童趣英语"是贴近生活的英语

"童趣英语"注重英语学科的趣味性、灵活性,也注重语言学习的过程,强调语言学习的实践性,主张学生在语境中接触、体验和理解真实语言,并在此基础上学习和运用语言。"童趣英语"努力为儿童创造在真实语境中运用语言的机会,鼓励孩子们在教师的指导下,通过体验、实践、参与、探究和合作等方式,发现语言规律,逐步掌握语言知识和技能,让英语的"人文性"得以放大,从而做到涵养英语的人文情怀,生成英语的生活气息。

(四)"童趣英语"是创造鲜活的英语

语言学习需要大量的输入,丰富多样的课程资源对英语学习尤其重要。"童趣英语"根据教和学的需求,提供鲜活的英语学习资源。创造性地开发和利用现实生活中鲜活的英语学习资源,积极利用各种资源拓展学生学习和运用英语的渠道。

总之,"童趣英语"满足儿童好奇的心理,我们借助课程的开设,协调师生间的关系,丰富了英语课程,实现儿童的自我价值提升。"童趣英语"激发儿童英语的内在发展,让儿童爱英语,爱生活。

第二节　提升儿童的英语素养

义务教育阶段英语课程的总目标是：通过英语学习使学生形成初步的综合语言运用能力,促进心智发展,提高综合人文素养。综合语言运用能力的形成建立在语言技能、语言知识、情感态度、学习策略和文化意识等方面整体发展的基础之上。[①] 课程

---

① 中华人民共和国教育部. 义务教育小学英语课程标准(2011 年版)[S]. 北京：北京师范大学出版社,2012：6.

标准从不同的维度，为小学英语课程的教育教学指明了方向。

一、学科课程总体目标

基于义务教育小学英语课程标准的解读和理解，结合学校的课程理念"给每一个孩子带得走的能力"，"童趣英语"课程体系力求让儿童用童真有趣的心灵拥抱英语，我们制定了"童趣英语"的总目标：培养儿童的人文素养，通过英语学习获取知识，开展丰富多彩的英语课堂，让英语课更加有趣，让孩子喜欢英语课。我校"童趣英语"的课程目标围绕着显性、隐性两个方面进行规划设计。

（一）显性目标

主要包含语言知识和语言技能两个方面。语言知识和语言技能是综合语言运用能力的基础：

1. 语言知识。能读懂相应水平的读物和报纸、杂志，克服生词障碍，理解大意。能根据阅读目的运用适当的阅读策略。

在英语学习过程中，培养学生乐于开口表达的习惯，养成浓厚的英语学习兴趣，快乐说英文，大胆说英文；形成较强的自主学习英文的能力，养成良好的英文思维习惯，自信说英文，大方说英文；并且具有良好的英语欣赏、朗读、运用能力，培养创新精神，批判能力，让学生流利说英文，喜欢说英文。

2. 语言技能。让儿童掌握一定的英语基础知识和听、说、读、写技能，形成一定的综合语言运用能力；培养儿童的观察、记忆、思维、想象能力和创新精神。

（二）隐性目标

主要有情感态度、学习策略、文化意识等三个方面。

1. 情感态度。积极的情感态度有利于促进主动学习和持续发展。帮助儿童了解世界以及中外文化的异同，拓展视野，培养爱国主义精神，形成健康的人生观，为他们的终身学习和发展打下良好的基础。

2. 学习策略。有效的学习策略有利于提高学习效率和发展自主学习能力。激发和培养儿童学习英语的兴趣,使学生树立自信心,养成良好的学习习惯和形成有效的学习策略,发展自主学习的能力和合作精神。

3. 文化意识。文化意识有利于正确地理解语言和得体地使用语言。培养儿童与他人合作,解决问题并报告结果,共同完成学习任务的能力,能对自己的学习进行评价,总结学习方法。能利用多种教育资源进行学习。进一步增强对文化差异的认识与理解。

显性和隐性的五个方面是相辅相成的,共同促进儿童综合语言运用能力的形成与发展。

二、 学科课程年段目标

基于儿童的年龄特征与认知规律,我校"童趣英语"以教科版的教材为基础,以《义务教育英语课程标准(2011 年版)》为依据,按照年级研制以大单元组织形式实施,制定了 3—6 年级的"童趣英语"学科课程年级目标,现以四年级为例。(具体见表 7-2-1)

表 7-2-1　广州市黄埔区深井小学"童趣英语"课程四年级目标表

学期	单元	单元目标
上学期	第一单元	共同要求: 1. 能用 there be 句型询问和描述物品的位置; 2. 运用名词和介词描述物品的位置和房间的摆设; 3. 感知字母(组合)sh,a-e,a,ar 和 ay 在单词中的发音; 4. 培养收拾房间的良好的生活习惯; 5. 了解不同年龄、国家的人的卧室摆设是不同的。 校本要求: 1. 自然拼读法;观看经典的英语动画片; 2. 欣赏英语电影,讲经典英语故事。

学期	单元	单元目标
	第二单元	共同要求： 1. 能在听说读写的活动中理解和运用日常交际用语； 2. 能运用动词词组和房间名词描述房子的居室和在不同居室的常见活动； 3. 感知字母(组合)ch,e-e,e,ee 和 ea 在单词中的发音； 4. 能在交际中表达欣赏和赞美,如夸赞美丽洁净的居室； 5. 了解自己的房子,了解世界各地的房子和居室。 校本要求： 1. 自然拼读法；观看经典的英语动画片； 2. 欣赏英语电影,讲经典英语故事。
	第三单元	共同要求： 1. 能运用句型询问和表述学校场所及设备的数量； 2. 能运用方位介词和学校场所名词描述学校场所的位置； 3. 能运用动词短语和场所名词描述学校场所的常见活动和功能； 4. 感知字母(组合)l,ll,i-e,I,ir 和 igh 在单词中的发音； 5. 了解学校场所及其功能,爱护学校的设施,增强作为学校一员的自豪感。 校本要求： 1. 自然拼读法；观看经典的英语动画片； 2. 欣赏英语电影,讲经典英语故事。
	第四单元	共同要求： 1. 能运用数字和学习用品询问和描述与某人拥有物品的数量； 2. 能询问有关学校或班级的数量； 3. 能结合学科和词组讲述自己最喜欢的学科并给出理由； 4. 感知字母(组合)c,o-e,o,or,oa,ow 和 ou 在单词中的发音； 5. 能用英语表达喜爱的学科和原因,增强学习的兴趣； 6. 了解每个人的能力和学科优势。 校本要求： 1. 自然拼读法；观看经典的英语动画片； 2. 欣赏英语电影,讲经典英语故事。
	第五单元	共同要求： 1. 在听说读写的活动中理解和运用日常购物用语； 2. 学习百位数整数读法； 3. 复习巩固颜色单词,会用颜色具体描述一件衣服； 4. 感知字母(组合)wh,u-e,u 和 ur 在单词中的发音； 5. 将语言知识尽可能运用于真实自然的情景当中； 6. 了解英文购物用语和中文的异同,了解世界各地的服饰。 校本要求： 1. 自然拼读法；观看经典的英语动画片； 2. 欣赏英语电影,讲经典英语故事。

续表

学期	单元	单元目标
	第 六 单 元	共同要求： 1. 能结合职业名词和动词短语表述职业及其职能； 2. 能结合职业名词和表达喜好的句子表述自己想从事的职业及理由； 3. 运用各种句式询问他人的职业或理想； 4. 感知字母(组合)j,th,ng 和 y 在单词中的发音； 5. 了解各职业并尊重各行业的人为自己的生活做出的贡献； 6. 了解各职业和从事该职业的人的能力和职能,了解一些职业需要特定的服饰。 校本要求： 1. 自然拼读法;观看经典的英语动画片； 2. 欣赏英语电影,讲经典英语故事。
下 学 期	第 一 单 元	共同要求： 1. 能在听说读写的语言活动中理解和运用描述人的单词、词组和句型； 2. 能用英语描述人物的外貌特征； 3. 能用英语描述人物的职业； 4. 知道字母 c 及字母组合 ck,ai,ay,as,au,aw,air 在单词中的发音,能拼读含有这些字母或字母组合的单音节词； 5. 用文明的语言描述人物的外貌和职业,尊重他人的性格特点。 校本要求： 1. 自然拼读法;观看经典的英语动画片； 2. 欣赏英语电影,讲经典英语故事。
	第 二 单 元	共同要求： 1. 能在听说读写的语言活动中理解和运用日常活动有关的单词、短语、句型； 2. 能用英语询问和讲述时间的表达； 3. 能用英语询问和描述何时做某事； 4. 知道字母 g,g(e),及字母组合 ea,ey,er,ew,ear,are 在单词中的发音,能拼读含有这些字母或字母组合的单音节词； 5. 能合理安排自己的时间,过健康的日常生活。 校本要求： 1. 自然拼读法;观看经典的英语动画片； 2. 欣赏英语电影,讲经典英语故事。
	第 三 单 元	共同要求： 1. 能在听说读写的语言活动中理解和运用与星期有关的单词、短语和句型； 2. 能用英语问答今天是星期几； 3. 能用英语介绍自己一周七天的情况,表达自己最喜欢或不喜欢哪一天,并说出理由； 4. 了解字母 i 及字母组合 tr,dr,nk,ind,wr 在单词中的发音,能拼读含有这些字母或字母组合的单音节词； 5. 合理安排一周每天的生活,劳逸结合,提高学习效率。

学期	单元	单元目标
		校本要求： 1. 自然拼读法；观看经典的英语动画片； 2. 欣赏英语电影，讲经典英语故事。
	第四单元	共同要求： 1. 能在听说读写的语言活动中理解和运用活动词汇、短语和句型； 2. 能用英语描述自己在空闲时间常做的事情； 3. 能用英语描述自己或他人正在做的事； 4. 了解字母 o 及字母组合 ou,oo,oy,old,oor 在单词中的发音,能拼读含有这些字母或字母组合的单音节词； 5. 培养自己的兴趣爱好,在空闲时间可以适当放松,但也要注意不可太贪玩影响学习。 校本要求： 1. 自然拼读法；观看经典的英语动画片； 2. 欣赏英语电影,讲经典英语故事。
	第五单元	共同要求： 1. 能在听说读写的语言活动中理解和运用运动词汇、短语和句型； 2. 能用正在进行时谈论正在进行的运动； 3. 能叙述自己喜欢的运动并说明理由； 4. 了解字母 u 和字母组合 ph,uy 在单词中的发音。能拼读含有这些字母或字母组合的符合发音规则的单音节词； 5. 培养自己的运动爱好,注重身体健康,多参加体育锻炼。 校本要求： 1. 自然拼读法；观看经典的英语动画片； 2. 欣赏英语电影,讲经典英语故事。
	第六单元	共同要求： 1. 能在听说读写的语言活动中理解和运用月份词汇、节日活动和相关句型； 2. 能说出自己的生日月份； 3. 能简单描述生日活动； 4. 知道春节、圣诞节、教师节、儿童节、妇女节等常见节日的月份,并能简单讲述这些节日的庆祝活动； 5. 了解字母 y 和字母组合 qu,ts,ds 在单词中的常见发音,能拼读含有这些字母或字母组合的符合发音规律的单词； 6. 了解中西方节日,深刻明白我们中华传统节日的意义,热爱中国节日,树立文化自信。 校本要求： 1. 自然拼读法；观看经典的英语动画片； 2. 欣赏英语电影,讲经典英语故事。

我校秉承"童趣英语"的理念，建立以儿童为中心、系统而持续渐进的英语课程体系，体现了英语学习的"工具性"和"人文性"，力求让儿童用童真有趣的心灵拥抱英语。我们围绕上述目标，根据语言学习的规律和义务教育阶段学生的发展需求，努力培养学生英语的听、说、读、写技能，全面提高学生的综合语言运用能力；引导学生形成有效的学习策略和一定的文化意识，培养积极向上的情感态度和价值观。

第三节　在丰富课程中提高语用能力

《义务教育小学科学课程标准(2011 年版)》指出：以科学发展观和先进的外语课程理念为指导，立足国情，综合考虑我国英语教育的发展现状，从义务教育阶段起，建立一个以学生发展为本、系统而持续渐进的英语课程体系。[①] 我们根据儿童身心发展特点、教师团队特点等，以鲜活的内容丰富英语课程，构建了"童趣"学科课程群，旨在丰富活动中提高英语水平，提高儿童的核心素养。

一、学科课程结构

《义务教育小学英语课程标准(2011 年版)》中指出："小学英语课程内容即学生通过英语课程掌握基本的英语语言知识，发展基本的英语听、说、读、写技能，初步形成用英语与他人交流的能力，进一步促进思维能力的发展，为今后继续学习英语和用英语学习其他相关科学文化知识奠定基础。"[②]我校以国家统编教材为教学媒介全面实施

---

① 中华人民共和国教育部. 义务教育小学英语课程标准(2011 年版)[S]. 北京：北京师范大学出版社，2011：3.

② 中华人民共和国教育部. 义务教育小学科学课程标准(2011 年版)[S]. 北京：北京师范大学出版社，2011：5.

国家基础课程,积极开发校本课程,建设"童趣英语"课程群,从"听""说""读""写""综合"五大英语学习领域出发,对应设置了"异曲童工""童言无忌""异口童声""不童凡响""童心未泯"五个版块,为儿童的英语素养建构提供丰富有趣的资源,具体课程结构如下图。(见图7-3-1)

图7-3-1 广州市黄埔区深井小学"童趣英语"课程结构图

"异曲童工"是指曲调不同,却同样美妙。内容主要为听的领域。通过开设"英语儿歌""仿句识音""美音美词""美英美文"等课程,培养孩子高质量听的能力。

"童言无忌"指儿童天真无邪,讲话诚实。内容主要是说的领域。通过开设"童趣配音""绘声绘语""自然拼读"等课程,培养孩子英语表达能力和大胆表述,喜欢张口说英语的勇气。

"异口童声"是指不同的人说同样的话语。内容主要是读的领域。通过开设"童年同阅""智慧阅读""研文思意"等课程,培养孩子的阅读习惯,在有益的读物帮助下养成良好的阅读习惯。

"不童凡响"是指不平凡,很出色。内容主要是写的领域。通过开设"趣味字母"

"百变单词""妙笔生花""学以致用"等课程,培养孩子字母、单词、句子、文章的写作能力。

"童心未泯"是指与生俱来的童心情结,始终保持着孩子的童心纯真、活泼开朗。内容主要是综合的领域。我们开设"思维导图""童趣舞台""Disney英语"等课程,是为了引导孩子乐于参与、积极合作,培养孩子大胆展示英语风采的勇气和能力。

二、 学科课程设置

依据"童趣英语"课程结构以及不同年龄段儿童身心发展的规律,我校从三年级到六年级,设置"童趣英语"课程。具体课程设置如下表。(见表7-3-1)

表7-3-1 广州市黄埔区深井小学"童趣英语"课程设置表

年级 \ 类别 \ 学期		"异曲童工"	"童言无忌"	"异口童声"	"不童凡响"	"童心未泯"
三年级	上学期	英语儿歌	自然拼读	"童"年同"阅"	趣味字母	Disney英语
	下学期	英语儿歌	自然拼读	"童"年同"阅"	百变单词	童趣舞台
四年级	上学期	仿句识音	绘声绘语	研文思意	百变单词	Disney英语
	下学期	仿句识音	绘声绘语	研文思意	百变单词	童趣舞台
五年级	上学期	美音美词	童趣配音	智慧阅读	妙笔生花	思维导图
	下学期	美音美词	童趣配音	智慧阅读	妙笔生花	童趣舞台
六年级	上学期	美音美文	童趣配音	智慧阅读	学以致用	思维导图
	下学期	美音美文	童趣配音	智慧阅读	学以致用	童趣舞台

"童趣英语"课程设置是以《义务教育小学英语课程标准(2011年版)》为依据,依托国家基础课程,结合儿童身心发展的特点,关注儿童全面发展以及个性发展的需要,密切课程与时代和生活的联系开设的课程,激发儿童对英语学习的兴趣,在丰富的课程中提高儿童的英语语用能力。

第四节　带着一份童心在英语世界翱翔

为了让儿童更好地通过英语学习和实践活动掌握英语知识和技能，提高语言实际运用能力，磨砺意志，发展思维，拓展视野，丰富生活经历，发展个性和提高人文素养①，我们将从"童趣英语课堂""童趣英语课程""童趣英语社团""童趣英语舞台""童趣英语节日"等方面进行课程实施。

一、建构"童趣课堂"，扎实学科课程

"童趣课堂"指在学校"井养式"课程下建构的更具英语学科趣味的课堂。老师要充分利用英语课堂的教学让儿童尽情感受外语的乐趣，为今后走向世界共同体奠定更好的基础。

英语学习注重情境会话，贴近学生的日常生活，努力再现学生熟悉并感兴趣的事物和生活环境，便于学生在交际实践中学习，由浅入深，学以致用。通过多种游戏教学形式激发学生兴趣，让孩子们在快乐的气氛里听听说说、唱唱玩玩、认认读读，打下较好的语音、语调和书写基础，养成良好的学习习惯和提升语言能力。在"井养课程"实施总体思想的指导下，结合英语学科特点制定了以下课程建设目标。

低年级学生能根据教师的简单指令做事情。能做简单的角色表演，能唱简单的英文歌曲，说简单的英语歌谣。加强语音意识训练的同时，开展 Sight Words 的教学研究。"绘声绘语"课程通过音、视频资源的导入，植入各类游戏和操作，利用比赛、游戏

---

① 中华人民共和国教育部. 义务教育英语课程标准(2011 年版)[S]. 北京：北京师范大学出版社，2012：1.

等形式学习 26 个字母的音和形；阅读经典的国内外绘本作品，老师讲故事，学生说故事；学习语言艺术，教给孩子语言技巧及人际交往中的基本礼节。"趣味字母"能根据教师的简单指令做动作、做游戏、做事情（如涂颜色、连线）。能做简单的角色表演。能唱较长的英文歌曲，读较长的英语歌谣。"仿句识音"能连续地跟读或朗读文本内容，正确模仿句子的语音语调，能熟练演唱课本的英文歌。加强语音意识训练，并开展 Sight Words 的教学研究。

中年级英语突出语音意识训练，并扎实开展 Phonics 教学研究。开展单元整体教学设计研究及实践的同时，突出对话课模式和词汇教学模式等主题的研究及应用。"美音美词"能根据提示或图片用英语进行简要描述；突出语音意识训练，并扎实开展 Phonics 教学研究；"美音美文"能根据提示或图片用英语进行简要描述；突出语音意识训练，并扎实开展 Phonics 教学研究。

高年级英语开展单元整体教学设计研究及实践的同时，突出阅读板块的课型研究和写作训练模式等主题的研究及应用。"研文思意"开展单元整体教学设计研究及实践的同时，突出阅读板块的课型研究。"学以致用"开展单元整体教学设计研究及实践的同时，突出写作训练模式的研究及应用。

二、挖掘"童趣课程"，丰富英语学习途径

新课标中明确英语课程具有"工具性"和"人文性"双重性质。就"工具性"而言，英语课程承担培养学生基本英语素养和发展学生思维能力的任务，就"人文性"而言，英语课程承担着提高学生综合人文素养的任务，即学生通过英语课程开阔视野，丰富生活经历，形成跨文化意识，增强爱国主义精神，发展创新能力，形成良好的品格和正确的人生观与价值观，"工具性"与"人文性"兼具的英语课程为学生的终身发展奠定基础。①

---

① 中华人民共和国教育部. 义务教育英语课程标准(2011 年版)[S].北京：北京师范大学出版社,2012：1.

1. 以深井古村文化为载体，以服务学习为手段，以学校课业学习为基础，通过精心设计含有服务的活动，指导学生有组织地参与并引导学生进行反思，提高小学生的英语语言能力，促进学生学业与思维的提升，使学生与外界建立良好的关系，让学生树立自信心与自尊心。学生在活动中认识本土文化、了解家乡，从而激发孩子热爱家乡、建设家乡的热情；学生在活动中得到快乐、积淀文化素养，受到社会人文的启蒙，从而提高青少年服务国家人民社会的责任感，形成勇于探索的创新精神，提升解决问题的实践能力。

2. 以经典故事为阅读载体，激发孩子阅读兴趣，激活孩子想象力和创造力，勾起孩子童年记忆，给予孩子美的享受，在享受美的过程中提升学生的高阶思维和核心素养。经典故事是一种通过人物、故事情节和环境的具体描写来反映社会生活或某种哲理的文学体裁。我们选用的经典故事体现了中国传统文化之美，也体现了中国传统文化的博大精深。中国优秀传统文化是我们从先辈那里传承下来的丰厚的非物质文化遗产，它记录了中华民族和中华文化发生、演化的历史，并作为世代传袭的人文精神、社会习俗、价值观等精神遗产渗透在每个人的血脉之中。[①] 中国传统文化经典哲理故事、民间故事、神话故事、名人故事等所涉及的范围比较广，题材丰富、词语洗练、意象生动而且寓意深刻，选出一些比较贴合学生实际的，能够引起孩子童年记忆的经典故事，符合高年段学生的认知特点，构思巧妙，文笔优美、细腻，有利于激发学生的阅读兴趣，给予孩子美的享受，在享受美的过程中促进他们文学素养和人文素养的提升。

三、 开设"童趣社团"，满足儿童多元需求

为进一步激发儿童学习英语的兴趣，体验英语学习的快乐，培养听说能力和口语表达能力，发展个性，提高综合素质，满足儿童多元需求，促进儿童全面发展，展示儿童英语才华。"童趣英语"课程在1—6 年级开设"童趣英语社团"，目前学校开设了以下6个童趣社团，具体设置如下表。（见表 7 - 4 - 1）

---

① 赵静、郭巧懿. 中国传统文化经典哲理故事［M］. 大连：大连理工大学出版社，2009：1.

表7-4-1 广州市黄埔区深井小学"童趣社团"安排表

社团名称	社团目标	社团内容	开放年级
Magic ABC 社团	掌握自然拼读法	学习 26 个字母的音素音	一至三年级
Beautiful English 社团	掌握英语的基本书写要求，规范正确的英语书写格式	书写 26 个字母的大小写及一些简单的小诗	一至三年级
Happy English 社团	增加英语输入，纠正英语发音	学唱英文歌曲	一至三年级
Funny English 社团	了解英语短句的基本要素、语言要素及表演要领	学习表演一些经典英语故事	二至六年级
Sunny English 社团	学会欣赏英语电影并提高英语听说能力	观看经典的英语动画片	四至五年级
Interesting English 社团	提高口语表达能力，提升人文素养	讲经典英语故事	四至六年级

四、打造"童趣舞台"，激发儿童学习热情

"童趣舞台"是指为了丰富学生的英语学习，激发英语学习的趣味性，提高学生学习英语的热情，丰富学生的课余生活，提高学生的自信心与表现力而开展的英语周活动。

"童趣舞台"每学期主要以活动周的方式，以班级为单位开展举行，主要安排如下：第三周：英语朗读表演；第六周：英文歌曲比赛；第十周：英语课本剧表演；第十四周：英语故事会；第十八周：英语词汇大 PK。

五、推行"童趣节日"，体验英语文化乐趣

"童趣节日"不仅能够为学生提供语言知识和技能实践的机会，也是活跃校园学习氛围的一种手段。"童趣节日"按照时间关系，结合中西方的节日，并且根据学生的兴

趣、年龄特点设计相关活动。具体实施步骤安排如下表：

表7-4-2 广州市黄埔区深井小学"童趣节日"实施步骤安排表

节日名称	实施步骤
New Year April Fool's Day Halloween Mother's/Father's day Dragon Boat Festival Mid-autumn Festival Thanksgiving Day Christmas Spring Festival	1. 主题活动。观看相关的节日视频，学生能够交流对节日的理解，展开小组讨论，制定活动计划。 2. 实践活动。分小组进行资料的收集，了解节日的由来，收集节日文娱活动、美食、传统等。通过上网、查找书籍，收集相关资料的图片。 3. 归纳与总结。将本小组在活动中的活动过程、方法、经验与成果，用手抄报的形式或贺卡的形式展示。 4. 成果展示。利用各种形式展示各阶段活动结果并交流。

总之，"童趣英语"依据校情、学情、生情，积极开发拓展性课程，以激发儿童英语学习兴趣爱好。"童趣英语"课程能够让学生真正感受到英语学习的实用性，让学生在快乐的学习氛围中，提高英语学习兴趣和语言综合运用能力。

后记

　　深井小学屹立在古村文化土壤之上，犹如养护水井。从 2017 年 3 月至今，三年多的课程建设之路，是教育观念、教学方式、学校方式变革之路，也是学生、教师、学校共同成长之路，更是课程品质不断提升之路。

　　深井小学的校风清丽雅正，校貌卓而不凡，根深叶茂。我们依据"深仁厚泽，井养不穷"的办学理念，建构了"井养式课程"模式，基于学生需求、兴趣、个性、潜能发展，以课程建设为切入点，自主研发具有学校特色的课程。"给每一个孩子带得走的能力"，是深井小学课程建设的课程理念。培养"明晃晃、活泼泼、水灵灵、亮堂堂的少年儿童"是我们的育人目标。透过本书，深井小学的"井养文化"历程清晰可见。课程为孩子们打开了知识的大门，助力每一个孩子拥有带得走的能力！

　　在"办一所扎根乡井文化的精品学校"办学目标的指引下，我们立志翱翔世界但始终心系家乡这口"深井"，努力为中华文明注入新的文化元素。扎根黄埔长洲这片底蕴深厚的乡井文化，传承岭南文化，拥抱八方来风。为推动中华优秀传统文化传承与发展，为人民幸福的美丽乡村建设贡献力量。

　　感谢上海市教育科学研究院杨四耕教授的悉心指导，我们是以边学边做的方式在做中学。杨教授指导我们科学有序地推进，不断丰富文化内涵，深度推动学校课程建设。让"井养文化"建构历程清晰可见，让"井养文化"融入学校课程，凸显品牌定位，提升学校教育品质。

　　学校课程规划是施工的蓝图，是行军的路线图。这是课程研发的第一步。杨教授和我们共同研制学校课程规划，基于学校课程规划，设计图文并茂的课程指南，让教师清晰课程定位，为孩子提供学习导航，为家长打开了解学校的窗口。依据杨四耕教授提出的"学科三棱锥"模型，我们聚力学科课程群建设。以"学科课程哲学、学科课程目标、学科课程体系、学科课程实施与评价"四个基本部分构建学科课程群，保障学校课程的高质量实施，培育学生学科核心素养。

变化总是在不知不觉中发生。通过学校课程变革，教师主体意识觉醒，真正成为学校课程的开发者。学校从"校本课程开发"走向"学校课程建设"，教师从"学科教学"走向"学科课程"，每一个学科组都研制特色学科建设方案，每一位教师都努力形成自己的教学主张，我们的课程热情得以激发，课程自信得以锤炼，课程自觉得以张扬。

潘文英

广州市黄埔区深井小学校长

2021 年 5 月 10 日

学校整体课程规划的七个关键	978 - 7 - 5760 - 0424 - 3	62.00	2021 年 3 月
课堂教学的 30 个微技术	978 - 7 - 5760 - 1043 - 5	52.00	2020 年 12 月
教学诠释学	978 - 7 - 5760 - 0394 - 9	42.00	2020 年 9 月
原点教学:提升区域育人质量的策略研究			
	978 - 7 - 5760 - 0212 - 6	56.00	2020 年 8 月

学校课程发展精品丛书

学科课程群与全经验学习	978 - 7 - 5760 - 0583 - 7	48.00	2021 年 1 月
育人目标与课程逻辑	978 - 7 - 5760 - 0640 - 7	52.00	2021 年 2 月
学科课程与深度学习	978 - 7 - 5760 - 0505 - 9	52.00	2021 年 2 月
学校课程的文化表情:百花园课程的学科指向与深度实施			
	978 - 7 - 5760 - 0677 - 3	38.00	2021 年 2 月
学校文化与课程变革	978 - 7 - 5760 - 0544 - 8	62.00	2021 年 2 月
语文天生重要:语文学科课程群设计	978 - 7 - 5760 - 0655 - 1	44.00	2021 年 2 月
五育并举的课程体系:致良知课程的旨趣与探索			
	978 - 7 - 5760 - 0692 - 6	48.00	2021 年 1 月
学科课程与育人质量	978 - 7 - 5760 - 0654 - 4	48.00	2021 年 1 月
在地文化与课程图谱	978 - 7 - 5760 - 0718 - 3	46.00	2021 年 2 月
中观课程设计与学科课程发展	978 - 7 - 5760 - 0624 - 7	36.00	2021 年 1 月
大教学:英语学科核心素养培育的课程模式			
	978 - 7 - 5760 - 0462 - 5	46.00	2021 年 1 月

特色学校聚焦丛书

不一样的生命,一样的精彩	978 - 7 - 5675 - 8675 - 8	34.00	2019 年 3 月
童味正醇:特色学校的文化图谱	978 - 7 - 5675 - 8944 - 5	39.00	2019 年 8 月
特色普通高中课程建设探索	978 - 7 - 5675 - 9574 - 3	34.00	2019 年 10 月

儿童是天生的探索者：360°科学启蒙教育			
	978 - 7 - 5675 - 9273 - 5	36.00	2020 年 2 月
做精神灿烂的教师：教师自我成长的 5 个密码			
	978 - 7 - 5760 - 0367 - 3	34.00	2020 年 7 月
让教育温暖而芬芳	978 - 7 - 5760 - 0537 - 0	36.00	2020 年 9 月
快乐教育与内涵生长	978 - 7 - 5760 - 0517 - 2	46.00	2020 年 12 月
故事教育与儿童发展	978 - 7 - 5760 - 0671 - 1	39.00	2021 年 1 月
美好教育：学校内涵发展的循证研究	978 - 7 - 5760 - 0866 - 1	34.00	2021 年 3 月
把美好种进儿童心田	978 - 7 - 5760 - 0535 - 6	36.00	2021 年 3 月
倾听生命的天籁："天籁教育"的实践与探索			
	978 - 7 - 5760 - 1433 - 4	38.00	2021 年 9 月
为了每一个孩子的美好心愿	978 - 7 - 5760 - 1734 - 2	50.00	2021 年 9 月

跨学科课程丛书

大情境课程：主题设计与创意评价	978 - 7 - 5760 - 0210 - 2	44.00	2020 年 5 月
社会参与素养的培育模型与干预机制	978 - 7 - 5760 - 0211 - 9	36.00	2020 年 5 月
大概念课程：幼儿园特色主题活动设计			
	978 - 7 - 5760 - 0656 - 8	52.00	2020 年 8 月
项目学习：进入学科的课程智慧	978 - 7 - 5760 - 0578 - 3	38.00	2021 年 4 月

核心素养导向的课堂教学丛书

漾着诗性智慧的课堂教学	978 - 7 - 5675 - 9308 - 4	39.00	2019 年 7 月
转识成智的课堂教学：核心素养导向的历史教学			
	978 - 7 - 5760 - 0164 - 8	40.00	2020 年 5 月
学导式教学：学会学习的教学范式	978 - 7 - 5760 - 0278 - 2	42.00	2020 年 7 月
高阶思维教学的关键技术	978 - 7 - 5760 - 0526 - 4	42.00	2021 年 1 月

会呼吸的语文课：有氧语文的旨趣与实践

	978 - 7 - 5760 - 1312 - 2	42.00	2021 年 5 月
高阶思维教学的核心指向	978 - 7 - 5760 - 1518 - 8	38.00	2021 年 7 月
磁性课堂：劳动技术课就这样上	978 - 7 - 5760 - 1528 - 7	42.00	2021 年 7 月
核心素养导向的作业设计	978 - 7 - 5760 - 1609 - 3	40.00	2021 年 8 月
语文，让精神更明亮	978 - 7 - 5760 - 1510 - 2	42.00	2021 年 9 月

"六会"教学法：基于核心素养的课堂教学

	978 - 7 - 5760 - 1522 - 5	42.00	2021 年 9 月

特色课程建设丛书

教师，生长的课程	978 - 7 - 5760 - 0609 - 4	34.00	2020 年 12 月
学校课程发展的实践范式	978 - 7 - 5760 - 0717 - 6	46.00	2020 年 12 月

丰富学习经历：如歌式课程的愿景与深度

	978 - 7 - 5760 - 0785 - 5	42.00	2020 年 12 月
学科课程群设计方法	978 - 7 - 5760 - 0579 - 0	44.00	2021 年 3 月

学校美育课程的立体建构：菁华园课程的逻辑与框架

	978 - 7 - 5760 - 0610 - 0	36.00	2021 年 3 月
关键学习素养与学科课程设计	978 - 7 - 5760 - 1208 - 8	34.00	2021 年 4 月
学校课程设计：愿景建构与深度实施	978 - 7 - 5760 - 1429 - 7	52.00	2021 年 4 月
生长性课程：看见儿童生长的力量	978 - 7 - 5760 - 1430 - 3	52.00	2021 年 4 月
"慧阅读"课程：儿童视角	978 - 7 - 5760 - 1608 - 6	42.00	2021 年 6 月

诗意栖居的课程愿景：智慧岛课程的逻辑与深度

	978 - 7 - 5760 - 1431 - 0	44.00	2021 年 7 月

每一个孩子都是最重要的人：V - I - P 课程的内在意蕴与学科视角

	978 - 7 - 5760 - 1826 - 4	54.00	2021 年 8 月

给每一个孩子带得走的能力：并养式课程的旨趣与探索

	978 - 7 - 5760 - 1813 - 4	42.00	2021 年 10 月